성경해석학

성경해석학

Principles of Biblical Interpretation

루이스 벌코프

박문재
옮김

크리스챤 다이제스트

차례

서문 ······ 7

제1장 서론 ······ 9

제2장 유대인들에 있어서 성경 해석 원리의 역사 ······ 12

A. 성경 해석학의 역사의 정의/ 12

B. 유대인들의 성경 해석 원리/ 12

제3장 기독교회에 있어서 성경 해석 원리의 역사 ······ 18

A. 교부 시대/ 18

B. 중세 시대/ 22

C. 종교개혁 시대/ 25

D. 신조주의 시대/ 28

E. 역사비평 시대/ 31

제4장 해석학의 대상인 성경에 대한 합당한 개념 ······ 40

A. 하나님의 감동으로 된 성경/ 40

B. 성경의 통일성과 다양성/ 53

C. 성경의 의미의 단일성/ 58

D. 성경의 문체 : 일반적인 특징들/ 61

E. 해석자의 석의적 관점- 해석자와 그의 연구대상 간의 관계/ 66

제5장 문법적 해석 69

A. 개별 단어들의 의미/ 69
B. 문맥 속에서 단어가 지니는 의미/ 77
C. 단어 해석을 위한 내부의 도구들/ 81
D. 단어의 비유적 용법/ 87
E. 사상에 대한 해석/ 92
F. 사상의 해석을 위한 내부의 도구들/ 109
G. 문법적 해석을 위한 외부의 도구들/ 116

제6장 역사적 해석 120

A. 정의와 설명/ 120
B. 저자 또는 화자의 개인적 특징들/ 123
C. 저자의 사회적 상황/ 127
D. 성경의 각 책들에 특유한 상황들/ 131
E. 역사적 해석을 위한 도구들/ 136

제7장 신학적 해석 141

A. 신학적 해석이라는 명칭/ 141
B. 통일체로서의 성경/ 142
C. 성경의 신비적 의미/ 148
D. 상징적 · 모형적 성경 해석/ 150
E. 예언의 해석/ 157
F. 시편의 해석/ 162
G. 성경의 함축적 의미/ 166
H. 신학적 해석을 위한 도구들/ 169

서문

오늘날 신앙의 영역과 성경의 원리들의 적용에 있어서 빚어지고 있는 혼란의 많은 부분은 하나님의 말씀을 왜곡되게 해석하고 잘못 해석한 데서 비롯된다. 성경의 무오성을 흔들림 없이 믿고 고수해 온 진영들도 결코 예외가 아니다.

우리는 성경을 연구할 때에 건전한 해석 원리들을 채택해서 사용한다면 반드시 놀라운 열매를 맺게 되리라는 것을 확신하고, 그것이 "진리의 성령" 이 그의 백성을 "모든 진리 가운데로" 인도하실 때에 사용하기를 기뻐하시는 여러 수단들 중의 하나라고 믿는다. 우리는 이 점을 염두에 두고서, 개인이 성경을 연구할 때에 지침서로 활용하거나, 특히 신학교와 성경학교에서 교과서로 활용할 수 있도록 하기 위하여 이 책을 준비하였다. 일찍부터 올바른 방법과 절차를 활용해서 성경을 해석하는 것에 잘 훈련된 경건한 사역자는 하나님의 나라를 확장해 나가는 데에 유용한 섬김의 삶을 살아갈 수 있게 될 것이다.

발행인

제 1 장

서론

해석학이라는 말은 헬라어 동사 '헤르메뉴오' 에서 파생된 '헤르메튜티케' 에서 나왔다. '헤 헤르메뉴티케' 라는 말을 전문용어로 최초로 사용한 사람은 플라톤이다. 해석학은 원래 해석하는 법을 의미하였지만, 지금은 해석하는 법에 관한 이론을 가리킨다. 우리는 다음과 같이 정의할 수 있다: 해석학은 우리에게 해석의 원리, 법칙, 방법론을 가르쳐 주는 학문이다.

해석학은 일반 해석학과 특수 해석학으로 구분된다. 전자는 온갖 유형의 문헌들을 해석하는 데에 적용되고, 후자는 법률, 역사, 예언, 시가(詩歌) 등과 같은 어떤 특정한 유형의 문헌을 해석하는 데에 적용된다. 성경 해석학(Hermeneutica Sacra)은 문헌들 중에서 독특한 속성을 지닌 책, 즉 하나님의 감동으로 된 말씀인 성경을 다루기 때문에 극히 특별한 성격을 지닌다. 우리는 성경이 하나님의 감동으로 되었다는 원리를 인식할 때에만 성경 해석학의 신학적 성격을 제대로 유지할 수 있다.

해석학은 통상적으로 과거의 문학적 산물들을 해석하기 위한 수단으로 연구된다. 해석학의 고유한 과제는 저자와 독자들 간의 차이 또는 거리를 제거해 줄 수 있는 방법을 제시하는 것이다. 해석학은 독자들이 저자가 살았던 시대와 저자의 정신 속으로 들어갈 때에만 그러한 것이 제대로 이루어질 수 있다는 것을 우리에게 가르쳐 준다. 성경을 연구할 때에는 단순히 이차적인 저자들(모세, 이사야, 바울, 요한 등등)의 의도를 이해하는 것만으로는 부족하고, 반드시 성령의 마음과 생각을 아는 법을 배워야 한다.

해석학을 반드시 연구해야 하는 것은 다음과 같은 몇 가지 이유들 때문이다.

(1) 죄는 인간의 총명을 어둡게 하였고, 지금도 여전히 인간의 의식적인 정신적 삶에 해로운 영향력을 행사하고 있다. 그러므로 오류를 막아내기 위한 특별한 노력이 있지 않으면 안 된다.

(2) 사람들은 많은 점에서 서로 다르기 때문에 자연히 정신적으로도 많은 편차를 보이게 된다. 예를 들면, 그들은 다음과 같은 것들에서 서로 다르다.

(a) 영적인 편차를 가져다 주는 지적인 능력, 미적 감수성, 도덕적 자질.

(b) 어떤 사람들은 교육을 받고 어떤 사람들은 교육을 받지 못함으로써 생겨나는 지적인 성취도의 차이.

(c) 언어, 사고 방식, 관습, 도덕 등에서 차이를 가져다 주는 국적.

해석학을 연구하는 것이 장차 복음의 사역자가 될 사람들에게 아주 중요한 이유는 다음과 같다.

(1) 오직 성경에 대한 지적인 연구만이 그들에게 자신의 신학을 구축하는 데에 필요한 재료들을 제공해 줄 것이기 때문에.

(2) 그들이 전하는 모든 설교는 성경에 대한 석의(exegesis)라는 확고한 토대 위에 세워져야 하기 때문에. 이것은 오늘날 가장 절실히 요구되는 것들 중의 하나이다.

(3) 교회의 젊은이들을 가르치거나 심방을 할 때에 그들은 자주 예기치 않게 성경의 어느 구절들을 해석해 줄 것을 요청받기 때문에. 그런 경우에 그들이 해석의 법칙들을 잘 이해하고 있다면 큰 도움이 될 것이다.

(4) 고등 비평의 공격에 맞서서 진리를 수호하는 것은 그들이 마땅히 행

해야 할 본분 중의 일부이기 때문에. 그러나 이 일을 효과적으로 해내기 위해서는 고등 비평을 어떻게 다루어야 하는지를 알아야 한다.

신학 사전을 보면, 성경 해석학은 성경학, 즉 성경을 중심으로 연구하는 학문 분과에 속한다. 성경 언어학(Philologia Sacra)이 먼저 있고, 그 다음으로 성경 해석학이 있으며, 성경 석의(Exegesis)가 그 뒤를 잇는다. 해석학과 석의의 상호관계는 이론과 실천의 관계이다. 해석학은 학문이고, 석의는 기법이다.

성경 해석학에 관한 연구는 여기에 제시된 순서대로 다음과 같은 것들을 반드시 포함하고 있어야 한다.

(1) 성경 해석 원리의 역사에 관한 간략한 서술. 과거는 소극적으로든 적극적으로든 우리에게 많은 것들을 가르쳐 준다.

(2) 성경 해석에 적용될 수 있는 원리들을 어느 정도 결정해 주는 성경의 특성들에 관한 서술.

(3) 성경 해석자가 갖추어야 할 자질들과 반드시 요구되는 것들에 관한 서술.

(4) 성경에 대한 삼중적 해석에 관한 논의. 즉,

(a) 논리적 해석을 포함한 문법적 해석.

(b) 심리학적 해석을 포함한 역사적 해석.

(c) 신학적 해석.

질문들

해석학과 석의의 차이는 무엇인가? 일반 해석학과 특수 해석학은 상호 배타적인가, 아니면 어떤 의미에서 전자가 후자를 포함하는 것인가? 죄는 어떤 점에서 인간의 정신 생활을 교란하였는가? 우리는 왜 성경을 해석할 때에 삼중적 해석을 적용해야 하는가?

제 2 장

유대인들에 있어서 성경 해석 원리의 역사

A. 성경 해석학의 역사의 정의

우리는 학문으로서의 해석학의 역사와 해석 원리의 역사를 구별하여야 한다. 전자는 플라키우스 일리리쿠스(Flacius Illyricus)가 최초로 해석학을 학문적으로 다루고자 했던 주후 1567년에 시작되었다고 볼 수 있는 반면에, 후자는 기독교 시대의 초창기부터 시작되었다.

해석 원리의 역사는 다음과 같은 세 가지 질문에 대답하고자 한다.

(1) 성경에 관한 지배적인 견해는 무엇이었는가?

(2) 해석 방법론에 관한 지배적인 개념은 무엇이었는가?

(3) 어떤 자격 요건들이 성경 해석자에게 필수적인 것으로 여겨졌는가?

처음 두 질문은 마지막 질문보다 더 영속적인 성격을 지니기 때문에 당연히 더 많은 관심을 기울일 필요가 있다.

B. 유대인들의 성경 해석 원리

구색을 갖추기 위해서 우리는 유대인들이 성경을 해석할 때에 적용하였던 원리들을 간략하게 살펴보고자 한다. 유대인들은 다음과 같이 여러 부류로 구별되어야 한다.

1. 팔레스타인의 유대인

그들은 성경을 하나님의 무오(無誤)한 말씀으로 여기고 성경에 대하여 대단한 공경심을 지니고 있었다. 그들은 성경에 나오는 한 글자 한 글자가 다 거룩한 것으로 여겼고, 성경을 필사하는 자들은 필사하는 가운데 글자를 빠뜨리지 않도록 하기 위하여 글자수를 다 세는 습관이 있었다. 아울러, 그들은 율법을 예언서와 성문서보다 훨씬 더 공경하였다. 그래서 율법에 대한 해석은 그들의 최대의 관심사였다. 그들은 성경의 단순한 문자적 의미(전문적으로는 페샤트라 불렸다)와 성경의 석의와 강해(미드라쉬)를 세심하게 구별하였다. "미드라쉬의 지배적인 동기와 특징은 온갖 석의 방법들을 다 동원해서 가능한 한 성경의 모든 숨겨진 의미와 적용을 탐구하여 밝혀내는 것이었다"(Oesterley and Box, *The Religion and worship of the Synagogue*, p. 75f.). 넓은 의미에서 미드라쉬적인 문헌은 두 부류로 나누어 볼 수 있다.

(1) 엄격하게 율법주의적인 의미에서 구속력 있는 율법의 문제들을 다루는 율법적 성격을 띤 해석들(할라카).

(2) 성경에서 율법을 제외한 다른 모든 부분들에 대한 좀 더 자유롭고 덕을 세우기 위한 해석들(학가다).

후자는 석의라기보다는 설교와 예화에 속하였다.

서기관들의 해석이 지닌 큰 약점들 중의 하나는 그들의 성경 해석이 구전 율법으로 승격되었다는 것인데, 결국 랍비들은 이 구전 율법을 기록된 율법을 보완해 주는 필수적인 것으로 여기게 되었고, 끝내는 구전 율법을 기록된 율법을 배제시키는 수단으로 사용하였다. 이 때문에 온갖 방식의 자의적인 해석이 생겨나게 되었다. 마가복음 7:13에 나오는 그리스도의 평가를 보라.

힐렐(Hillel)은 유대인들 가운데서 가장 위대한 해석자 중 한 사람이었다. 그는 기록된 율법의 내용들로부터 구전 전승을 이끌어 내는 데에 사용할 수 있는 일곱 가지 해석 법칙을 남겨 놓았다. 이 법칙들은 아주 간략한 형태로 다음과 같이 표현해 볼 수 있다: (1) 가벼운 것에서 무거운 것으로(minore ad majus, 가벼운 것이 가능할진대 하물며 무거운 것은 두말할 것도 없다는 논리와 그 역(逆)); (2) "등가성"; (3) 특수에서 일반으로의 추론; (4) 여러 구절들로부터의 추론; (5) 일반에서 특수로의 추론; (6) 한 구절로부터의 유비(類比); (7) 문맥으로부터의 추론.

2. 알렉산드리아의 유대인들

그들의 해석은 정도 차이는 있지만 알렉산드리아의 철학에 의해서 결정되었다. 그들은 하나님께 어울리지 않는 것은 어느 것이나 믿지 않아야 한다는 플라톤의 기본적인 원칙을 채택하였다. 그들은 구약 속에서 그들의 철학과 일치하지 않거나 그들의 정서에 적절하지 않다고 판단되는 것들을 발견할 때마다 알레고리적인 해석으로 넘어가 버렸다. 필로(Philo)는 유대인들 가운데서 이러한 해석 방법론의 대가였다. 그는 성경의 문자적 의미를 완전히 배척하지는 않았지만, 그런 것에 매달리는 것은 믿음이 약한 자들이나 하는 것이라고 여겼다. 그에게 있어서 성경의 문자적 의미는 단지 훨씬 더 깊은 의미들을 담고 있는 상징에 불과한 것이었다. 성경의 숨겨진 의미야말로 무엇보다도 극히 중요한 것이었다. 필로는 우리에게 몇 가지 해석 원리를 남겨 놓았다.

"그는 이렇게 말한다: 소극적으로는, 하나님께 어울리지 않는 것이 서술되고 있거나, 서로 모순되는 내용이 포함되어 있거나 성경 자체가 알레고리화 되어 있을 때는 문자적 의미는 배제되어야 한다. 적극적으로는, 표현이 이중적이어서 애매하거나, 불필요하게 남아도는 단어들이 사용되거나 이미 알려져 있는 사실들이 반복되고 있거나, 표현이 다양하거나, 동의어들이 채택되고 있거나, 본문의 다양한 단어 사용 속에서 단어 유희가 존재할 가능성이 있거나, 단어들을 약간 고치는 것이 허용되거나, 표현이 이례적이거나, 수(數)나 시제에 있어서 비정상적인 것이 존재할 때는 해당 본문은 알레고리적으로 해석되어야 한다"(Farrar, *History of Interpretation*, p. 22). 이러한 원칙들은 당연히 온갖 종류의 잘못된 해석들을 위한 길을 열어 놓았다(예를 들면, cf. Farrar, *History*, p. 139ff.; Gilbert, *Interpretation of the Bible*, pp. 44-54).

3. 카라이트파(The Karaites)

파러(Farrar)가 "유대교의 개신교도들"이라고 지칭하였던 이 분파는 아난 벤 다윗(Anan ben David)이 주후 800년경에 설립하였다. 그들의 기본적인 특성에 비추어 볼 때에 그들은 사두개파의 정신적인 후예들이라 할 수 있다. 그들은 랍비 사상(Rabbinism)에 반대한 분파로서 부분적으로 이슬람교(Mohammedanism)의 영향을 받았다. "카라이트파"(Karaites)를 뜻하는 히브리어는 '베니 미크라'("읽기의 아들들")이다. 그들이 그렇게 불린 것은 성경을 신앙의 문제들에 있어서 유일한 권위로 여기는 것이 그들의 기본적인 원칙이었기 때문이었다. 이것은 한편으로는 구전 전승과 랍비 전승을 폐기하고, 다른 한편으로는 성경 본문에 대한 새롭고 주의 깊은 연구를 의미하는 것이었다. 그들은 이전의 전승들을 반박하기 위해서 연구를 시작했는데, 그 결과로 나온 것이 마소라 본문이었다. 전체적으로 보아서, 그들의 석의는 팔레스타인의 유대인들이나 알렉산드리아의 유대인들의 석의보다 훨씬 건전하였다.

4. 카발라파(The Cabbalists)

주후 12세기에 일어난 카발라 운동은 지금까지와는 판이하게 다른 성격을 지닌 운동이었다. 이 분파는 알렉산드리아의 유대인들의 알레고리적인 방법론을 사용하기도 했지만 주로 팔레스타인의 유대인들이 채택하였던 해석 방법론인 귀류법(reductio ad absurdum)을 사용하였다. 그들은 마소라 본문 전체는 심지어 절, 단어, 글자, 모음점, 강세 부호에 이르기까지 모두 다 하나님이 시내 산에서 모세에게 전해 주셨고, "전체 글자의 수, 하나하나의 글자, 단어의 위치를 바꿔놓은 것, 단어를 다른 것으로 치환한 것에는 특별한, 아니 초자연적인 힘이 작용하였다"는 전제 위에서 성경 해석을 진행하였다. 신적인 신비들을 풀어내기 위해서 그들은 다음과 같은 방법론들을 사용하였다.

(1) **게마트리아**. 성경에 나와 있는 기존의 단어를 동일한 수적 가치를 지닌 다른 단어로 치환하는 것.

(2) **노타리콘**. 첫 글자와 마지막 글자를 결합하거나 단어의 각각의 글자를 다른 단어들의 첫 글자로 여김으로써 단어들을 만들어내는 것.

(3) **테무라**. 글자들의 위치를 서로 바꾸어서 새로운 의미를 만들어내는 것. 예를 들면, Farrar, p. 98ff.; Gilbert, p. 18ff.를 참조하라.

5. 스페인의 유대인들

주후 12세기부터 15세기까지 좀 더 건강한 해석 방법론이 스페인의 유대인들 사이에서 발전되었다. 기독 교회의 석의가 퇴조하고 히브리어에 대한 지식이 거의 상실되었을 때, 피레네 반도에 살고 있던 몇몇 학식 있는 유대인은 촛대에 다시 빛을 밝혔다. 그들의 해석들 중 일부는 오늘날까지 인용되고 있다. 주요한 석의자들로는 아벤 에즈라(Abr. Aben-Ezra), 이자크 야르히(Sal. Izaak Jarchi), 다비드 킴치(David Kimchi), 이자크 아베르바넬(Izaak Aberbanel), 엘리아스 레비타(Elias Levita) 등이 있었다. 니콜라스 데 디라(Nicolas de Lyra)와 로이힐린(Reuchlin)은 이 유대인 학자들로부터 큰 도움을 받았다.

질문들

랍비 유대교는 성경의 영감에 대하여 어떠한 인식을 지니고 있었는가? 유대인들은 왜 율법에 특별한 의미를 부여했는가? 그들은 구전 율법의 기원에 대하여 어떻게 가르쳤는가? 구전 율법은 실제로 어떻게 생겨났고, 무엇으로 이루어져 있었는가? 미쉬나는 무엇인가? 게마라는 무엇인가? 탈무드는 무엇인가? 전승의 사용과 관련해서 유대교와 로마 가톨릭은 어떤 점에서 유사한가? 알레고리와 알레고리적 해석의 차이점은 무엇인가? 마소라는 무엇인가? 우리는 카발라 운동을 어떻게 설명해야 하는가? 15세기의 유대교 해석자들은 어떤 식으로든 종교개혁에 영향을 미쳤는가?

제 3 장

기독교회에 있어서 성경 해석 원리의 역사

A. 교부 시대

교부 시대에 있어서 성경 해석 원리의 발전은 기독교의 서로 다른 세 중심지와 연결되어 있다.

1. 알렉산드리아 학파

주후 3세기 초에 성경 해석은 특히 교리문답식의 알렉산드리아 학파의 영향을 받았다. 알렉산드리아는 유대교와 헬라 철학이 만나서 서로에게 영향을 주었던 중요한 학문 중심지였다. 거기에서는 플라톤 철학이 신플라톤주의와 영지주의라는 형태로 여전히 통용되고 있었다. 따라서 이 유명한 교리문답식의 알렉산드리아 학파가 이 대중철학의 영향을 받아서 성경 해석을 하게 된 것은 전혀 이상한 일이 아니었다. 이 학파는 다음과 같은 이유로 당시에 통용되던 종교와 철학을 조화시키는 자연스러운 방법론을 알레고리적인 해석에서 발견하였다.

(1) 이교 철학자들(스토아 학파)은 이미 오랫동안 호메로스(Homer)의 작품을 해설할 때에 이 방법론을 적용하여 왔었기 때문에 그 길을 잘 닦

아 놓고 있었다.

(2) 알렉산드리아 출신이었던 필로(Philo)도 이 방법론을 체계화하여 심지어 아주 간단한 서사(敍事)에도 적용함으로써, 이 방법론은 그의 권위에 의해서 밑받침되고 있었다.

이 학파의 대표자들로는 알렉산드리아의 클레멘스(Clement of Alexandria: 영어로는 클레멘트, 라틴어 원어로는 클레멘스)와 그의 제자 오리게네스(Origen)가 있었다. 이 두 사람은 성경을 가장 엄격한 의미에서 하나님의 감동으로 된 말씀으로 여겼고, 하나님의 말씀을 해석하는 데에는 특별한 법칙들을 적용하여야 한다는 당시의 견해를 공유하고 있었다. 그들은 성경의 문자적 의미를 인정하긴 했지만 오직 알레고리적인 해석을 통해서만 성경에 대한 진정한 지식을 얻을 수 있다고 생각하였다.

알렉산드리아의 클레멘스는 알레고리적인 방법론을 구약성서와 아울러 신약성서의 해석에도 적용한 최초의 인물이었다. 그는 모든 성경은 알레고리적으로 해석되어야 한다는 원칙을 주창하였다. 이것은 다른 기독교 해석자들보다 일보 앞서 나간 것으로서 클레멘스가 지닌 입장의 주된 특징이었다. 그에 의하면, 성경의 문자적 의미는 단지 초보적인 신앙만을 제공해 줄 수 있을 뿐이고, 오직 알레고리적인 의미만이 참된 지식으로 인도해 줄 수 있는 것이었다.

클레멘스의 제자였던 오리게네스는 학문과 영향력 둘 모두에서 스승을 능가하였다. 그는 의심할 여지 없이 당대 최고의 신학자였다. 그러나 그가 후세에 길이 남긴 업적은 성경 해석이 아니라 본문 비평과 관련된 그의 저작에서 찾아볼 수 있다. "해석자로서 그는 알렉산드리아 학파의 석의 방식을 가장 체계적이고 광범위하게 보여주었다"(Gilbert). 그는 자신의 한 저작에서 상세한 해석 이론을 제시하였다. 그가 제시한 해석의 기본적인 원리는, 성령이 의도한 의미는 언제나 단순명료하고 하나님께 어울리기 때문에 성경에서 겉보기에 애매하고 부도덕하며 적절치 않는 것으로 보이는 모든 것들은 단지 문자적 의미를 뛰어넘으라는 유인(誘因)으로서의 역할만을 할 뿐이라는 것이다. 오리게네스는 성경을 인간의 구원을 위한 수단으로 여겼다. 플라톤(Plato)은 인간이 세 부분 — 몸, 혼, 영 — 으로 이루어져 있다고 했다는 것을 근거로 삼아서, 그는 성경의 삼중적 의미, 즉 문자적 의미, 도덕적 의미, 신비적 또는 알레고리적 의미를 제시하였다. 실제 석의에서 그는 성경의 문자적 의미를 다소 멸시하고, 도덕적 의미에 대해서는 거의 언급하지 않았으며, 알레고리적 의미만이 참된 지식을 낳는다고 생각하여 늘 알레고리적인 방법론만을 사용하였다.

2. 안디옥 학파

파러(Farrar)는 안디옥의 최초의 장로이자 주후 378년 이후에는 다소의 감독이었던 디오도루스(Diodorus)가 안디옥 학파의 실질적인 창시자로 보지만, 이 학파는 주후 3세기 말경에 도로테우스(Dorotheus)와 루키우스(Lucius)에 의해서 창시되었을 가능성이 높다. 루키우스는 해석의 원리에 관한 글을 썼지만, 그의 최대의 업적은 몹수에스티아의 테오도루스(Theodore of Mopsuestia)와 요한 크리소스토무스(John Chrysostom)라는 두 명의 걸출한 제자를 배출한 것이었다.

이 두 제자는 모든 면에서 크게 달랐다. 테오도루스는 성경에 대하여 다소 자유주의적인 견해를 지니고 있었던 반면에, 요한은 성경에 나오는 모든 것을 하나님의 무오한 말씀으로 여겼다. 전자의 석의는 지적이고 교의적이었지만, 후자의 석의는 좀 더 영적이고 실천적이었다. 전자는 비평가와 해석자로서 이름을 날렸고, 후자는 손색없이 훌륭한 능력을 지닌 석의자였지만 강단 설교자로서 당시의 모든 사람들을 압도하였다. 그래서 테오도루스는 석의자로 불렸고, 요한은 그의 뛰어난 화술 때문에 크리소스토무스(황금 입을 가진 자)로 불렸다. 그들은 성경을 유익하게 사용하기 위해서는 성경의 원래적인 의미를 찾는 것이 꼭 필요하다는 것을 인식하고 실제로 그렇게 성경을 연구함으로써 진정한 학문적 석의를 향하여 큰 진전을 이루어냈다. 그들은 성경의 문자적 의미에 큰 가치를 부여했을 뿐만 아니라, 알레고리적인 해석 방법론을 의식적으로 배척하였다.

석의 저작에 있어서 테오도루스는 크리소스토무스를 능가한다. 그는 성경에 인간적인 요소가 존재한다는 것에 눈을 떴지만, 애석하게도 성경의 일부 책들에 대해서는 그 책들이 하나님의 감동으로 되었다는 것을 부정하였다. 그는 알레고리적인 방법론 대신에 문법적-역사적 해석을 옹호하였고, 이 점에서 당시의 석의자들보다 훨씬 앞섰다. 그는 성경 속에서 모형적 요소를 인식하고 몇몇 시편들 속에서 메시야 본문들을 발견하였지만 그 대부분을 시대상황적인(zeitgeschichtlich) 것으로 설명하였다. 세 명의 카파도키아 교부들(Cappadocians)이 이 학파에 속해 있었다.

3. 서방 교회의 석의 방식

서방 교회에서는 중도적인 석의 방식이 출현하였다. 이 방식은 알렉산드리아 학파의 알레고리적인 몇몇 요소들을 받아들였지만, 동시에 시리아(안디옥) 학파의 몇몇 원리들도 인정하였다. 하지만 그 가장 큰 특징은 당시까지 출현하지 않았던 또 다른 요소, 즉 성경 해석에 있어서 전승과 교회의 권위를 주장했다는 사실에 있었다. 석의의 영역에서 교회의 가르침에 규범적 가치가 부여되었다. 이런 유형의 석의를 한 인물로는 힐라리우스(Hilary)와 암브로시우스(Ambrose) 등이 있었지만, 그 대표자는 히에로니무스(Jerome, 제롬)와 아우구스티누스(Augustine)였다.

히에로니무스는 성경에 대한 해석보다도 불가타 역본을 번역한 것으로 명성을 얻었다. 그는 히브리어와 헬라어에 능통해 있었지만, 석의 분야에 있어서의 그의 저작은 주로 수많은 언어학적 · 역사적 · 고고학적 주해들로 이루어져 있다.

아우구스티누스는 성경 원어에 대한 지식이 아주 빈약하였다는 점에서 히에로니무스와 달랐다. 이것은 그가 일차적으로 석의자가 아니었다고 말하는 것과 같은 것이다. 그는 성경에 대한 해석이 아니라 성경의 진리들을 체계화하는 데에 놀라운 솜씨를 발휘하였다. 그가 자신의 저작인

『기독교 교육론』(*De Doctrina Christiana*)에서 보여준 해석 원리들은 그의 석의보다 더 뛰어났다. 그는 해석자는 언어학적으로나 비평학적으로나 역사학적으로 자신의 작업을 하기에 충분한 정도의 실력을 갖추어야 하고, 무엇보다도 그가 해석하고자 하는 저자에 대한 애정을 지니고 있어야 한다고 말한다. 그는 문자적 의미를 반드시 존중하여야 하고, 그 위에서 알레고리적인 의미를 찾아내야 한다는 점을 강조하였지만, 이와 동시에 다소 자유롭게 알레고리적인 해석에 심취하였다. 게다가, 성경의 의미가 의심스러운 경우에 그는 신앙의 표준(regula fidei)을 따랐는데, 신앙의 표준이란 교회의 신앙에 관한 간결한 진술을 가리키는 것이었다. 애석하게도, 아우구스티누스도 성경의 사중적 의미를 채택하였다: 역사적, 교훈적, 유비적, 알레고리적 의미. 그가 중세 시대의 성경 해석에 영향을 끼친 것은 특히 바로 이 점에서였다.

질문들

초기 신학 학파들의 특성은 무엇이었는가? 알레고리적인 해석 방법론은 어떻게 생겨났는가? 당신은 이 방법론이 잘못되었다는 것을 어떻게 증명할 수 있는가? 알렉산드리아 학파는 경건(pistis)과 지식(gnosis)을 어떻게 구별하였는가? 알렉산드리아 교부들은 성경 속에서 인간적인 요소를 인식하였는가? 알렉산드리아 학파와 안디옥 학파의 근본적인 차이는 무엇이었는가? 고대 교회에서 신앙의 표준(regula fidei)은 무엇을 의미하였는가? 교회의 가르침을 석의의 표준으로 삼는 것은 왜 잘못인가?

B. 중세 시대

중세 시대에는 성직자들 중에서도 다수가 성경을 거의 모른 채 살아갔다. 그들이 성경을 알았다고 해도, 그것은 단지 불가타(라틴어) 역본이나 교부들의 저서를 통해서 성경을 알았을 뿐이었다. 일반적으로 성경은 신비로 가득한 책으로 여겨졌고, 오직 신비적인 방식으로만 이해할 수 있는 책으로 여겨졌다. 이 시대에서는 성경의 사중적 의미(문자적, 교훈적, 알레고리적, 유비적)가 일반적으로 받아들여졌고, 성경 해석은 전승과 교회의 가르침에 부합되어야 한다는 것이 확고한 원칙으로 정립되었다. 교부들의 가르침을 재현하고, 성경 속에서 교회의 가르침들을 발견해 내는 것이 최고의 지혜로 여겨졌다. 성경을 읽되 교부들의 강해를 최종적인 해석으로 삼아야 한다는 성 베네딕투스(St. Benedict)의 원칙이 공포되어 수도원들에서 널리 채택되었다. 생 빅토르의 위그(Hugo of St. Victor)는 심지어 이렇게 말하기까지 하였다: "먼저 네가 무엇을 믿어야 하는지를 배우고나서, 그런 후에 성경으로 가서 그것을 거기에서 찾아내라." 교부들의 해석이 서로 다른 경우가 흔히 있었는데 그런 경우에는 해석자는 "어느 곳에서나, 언제나, 모든 사람에 의해서 믿어지는"(quod ubique, quod semper, quod ab omnibus creditum est) 것을 골라내야 할 의무를 졌다. 이 시기에는 새로운 해석 원리는 단 하나도 발전되지 못하였고, 석의는 전승과 교회의 권위에 의해서 철저하게 손발이 묶여 있었다.

이러한 사정은 이 시기에 씌어진 저작들 속에 분명하게 반영되어 있다. 당시의 가장 전형적인 저작들 중 일부는 다음과 같다.

1. 발라프리트 스트라보(Walafrid Strabo)의 『표준주석』(*Glossa Ordinaria*)과 랑의 안셀무스(Anselm of Laon)의 『대역주석』(*Glossa Interlinearis*).

이 저작들은 아주 초보적인 성격의 문법 설명을 간혹 곁들여서 문자적, 도덕적, 신비적 의미들을 서술한 단편들을 편집해 놓은 것들이었다. 거기에 나와 있는 해석들은 흔히 서로 상반되고 상호배타적인 것들이었고, 많은 경우에 어느 쪽을 선택해야 하는지, 또는 "다르게 이해될 수 있는지"(aliter or potest etiam intelligi)를 살피는 것은 독자들에게 맡겨졌다. 발라프리트 스트라보의 『표준주석』(*Glossa Ordinaria*)에는 높은 권위가 부여되었다.

2. 성경 주석집들(Catenae). 그 가운데서 가장 유명한 것은 동방 교회에서는 가자의 프로코피우스(Procopius of Gaza)의 것이었고, 서방 교회에서는 토마스 아퀴나스(Thomas of Aquinas)의 것이었다. 성경 주석집 속에서 우리는 교부들의 성구 해석이 사슬처럼 연달아 모아져 있는 것을 발견하는데, 당연히 성경 주석집들의 가치는 그것들이 기반으로 한 자료들에 달려 있었다.

3. 페트루스 롬바르두스(Peter Lombard)의 『신학명제집』(*Liber Sententiarum*). 이 저작은 주로 힐라리우스, 암브로시우스, 아우구스티누스의 저작들에서 발췌한 성경 강해들을 모아놓은 것이었지만, 단순히 모아 놓은 것에서 한 걸음 더 나아갔다는 점에서 위에서 언급한 저작들과는 달랐다. 독립성이라는 측면에서 페트루스 롬바르두스는 기존의 권위를 범하지 않으려고 세심하게 주의하였지만, 미리 정해 놓은 한계 내에서는 의문을 제기하고 구별을 짓고, 심지어 독자적인 평가나 해설도 첨가하였다. 그 이후 수 세기 동안 그의 저작은 성경 자체보다 더 부지런히 연구되었다.

이 시기에는 성경의 사중적 의미(문자적, 교훈적, 알레고리적, 신비적)가 일반적으로 받아들여지고 있었지만, 적어도 일부는 그러한 견해가 이치에 맞지 않는다는 것을 보기 시작하였다. 심지어 토마스 아퀴나스(Thomas Aquinas)조차도 그것을 어렴풋이 느꼈던 것으로 보인다. 그는 변함없이 성경을 알레고리적으로 해석하였지만, 적어도 이론상으로는 문자적 의미를 성경의 모든 해석을 위한 필수적인 토대로 여겼다는 것은 사실이다. 그러나 특히 당시의 족쇄를 깨뜨려 버린 인물은 리라의 니콜라우스(Nicolas of Lyra)였다. 그는 겉으로는 사중적 의미를 받아들이는 것에 있어서조차도 당시의 조류를 거역하지 않았지만, 실제에 있어서는 오직 두 가지 의미, 즉 문자적 의미와 신비적 의미만을 인정하였고, 게다가 오로지 전자를 토대로 해서만 후자를 받아들였다. 그는 원문을 반드시 참조해야 한다는 것을 역설하였고, 신비적 의미가 “허용됨으로써 문자적 의미를 질식시키고 있다”고 한탄하면서, 교리를 증명하는 데 있어서는 오직 문자적 의미만을 사용할 것을 요구하였다. 그의 저작은 루터에게 아주 큰 영향을 미쳤고, 그런 점에서 종교개혁에도 영향을 주었다.

질문들

중세 시대의 교회가 전승이라고 했을 때에 그것은 무엇을 의미하였는가? 이 전승에는 어떠한 권위가 부여되었는가? 이 시대에 있어서 교의학과 석의의 관계는 어떠하였는가? 이 입장에 대해서는 어떠한 반론들이 존재하는가? 교회는 무엇을 근거로 성경의 의미를 결정할 대권을 지니고 있다고 주장하였는가? 사중적 의미에 관한 이론은 어떻게 생겨났는가?

C. 종교개혁 시대

르네상스(문예부흥)는 건전한 해석 원리의 발전을 위해서 대단히 중요하였다. 주후 14-15세기 동안에는 성경의 내용에 대한 무지몽매함이 지배하였다. 신학박사들 중에서도 성경을 다 읽어 보지 않은 자들이 있었다. 게다가, 사람들이 알고 있었던 성경은 오직 히에로니무스가 번역한 라틴어 역본이 전부였다. 르네상스는 원문으로 돌아가야 할 필요성을 환기시켰다. 로이힐린(Reuchlin)과 에라스무스(Erasmus) — 유럽의 두 눈이라 불렸던 인물들 — 는 르네상스의 마법에 흠뻑 빠져서, 성경 해석자들은 반드시 원어로 성경을 연구해야 한다고 역설하였다. 또한, 그들은 그러한 연구를 크게 촉진시키기도 하였는데, 전자는 『히브리어 문법』과 『히브리어 사전』을 펴내었고, 후자는 『최초의 비평판 헬라어 신약성서』를 편찬해 내었다. 성경의 사중적 의미는 점차 폐기되었고, 성경은 오직 하나의 의미만을 지니고 있다는 원칙이 정립되었다.

개혁자들은 성경이 하나님의 감동으로 된 말씀이라고 믿었다. 그러나 영감

(inspiration)에 관한 그들의 인식이 아무리 엄격했다고 할지라도, 그들은 영감을 기계적인 것이 아니라 유기적인 것으로 인식하였고, 심지어 몇몇 구체적인 경우들에 있어서는 성경 본문을 상당히 자유롭게 다루기도 하였다. 아울러, 그들은 성경이야말로 최고의 권위로서 모든 신학적인 논쟁에 있어서 최종적인 법정이라고 여겼다. 그들은 교회의 무오성(無誤性)에 반대하고 말씀의 무오성을 주장하였다. 그들의 입장은, 교회가 성경이 무엇을 가르치는지를 결정하는 것이 아니라 성경이 교회가 무엇을 가르쳐야 할지를 결정한다는 말 속에 아주 분명하게 드러나 있다. 그들의 석의가 지닌 핵심적인 성격은 다음 두 가지 기본적인 원리에서 나온 것이었다: (1) 성경은 성경의 해석자이다(Scriptura Scripturae interpres). (2) 성경의 모든 이해와 해석은 신앙의 표준과 일치하여야 한다(omnis intellectus ac expositio Scripturae sit analogia fidei). 그들에게 있어서 신앙의 표준(analogia fidei)은 성경의 표준(analogia Scripturae), 즉 성경의 일관된 가르침과 동일한 것이었다.

1. 루터(Luther)

그는 성경을 자국어인 독일어로 번역함으로써 독일 민족에 큰 기여를 하였다. 또한, 그는 비록 제한된 범위에서이긴 하지만 성경을 강해하는 일에도 참여하였다. 그가 제시한 해석 원칙들은 그가 실제로 행한 석의보다 훨씬 나은 것이었다. 그는 문자적 의미 외에는 그 어떤 것도 인정하려 하지 않았고, 알레고리적인 해석을 원숭이 놀음(Affenspiel)이라고 말하며 경멸하였지만, 그가 경멸한 방법론에서 완전히 벗어날 수는 없었다. 그는 개인의 판단의 권리를 옹호하였고, 성경 본문의 배경과 역사적 상황을 고려해야 할 필요성을 강조하였으며, 해석자에게 믿음과 영적 통찰력을 요구하였고, 성경의 모든 대목에서 그리스도를 발견해 내고자 하였다.

2. 멜란히톤(Melanchthon)

그는 루터의 오른팔이었지만 학문에 있어서는 루터의 선배였다. 그는 뛰어난 재능들을 지니고 있었고 헬라어와 히브리어에 대하여 박학다식하였기 때문에 걸출한 해석자가 될 수 있었다. 그는 다음과 같은 건전한 원칙들 위에서 석의 작업을 수행하였다: (1) 성경을 문법적으로 이해한 후에야 신학적으로 이해하는 것이 가능하다는 것. (2) 성경은 오직 한 가지의 확실하고 명료한 의미를 지닌다는 것.

3. 칼빈(Calvin)

누구나 동의하듯이, 그는 종교개혁 시대의 가장 위대한 석의자였다. 그의 성경 주석은 성경의 거의 모든 책에 대하여 이루어졌고, 그 주석들은 지금도 여전히 가치를 인정받고 있다. 루터와 멜란히톤의 기본적인 원리들은 그대로 그의 원리가 되었지만, 이론을 실천으로 옮기는 데에 있어서 그는 두 사람을 능가하였다. 그는 알레고리적인 방법론은 성경의 의미를 모호하게 흐려 놓고자 하는 사탄의 술수라고 말하였다. 그는 구약에 나오는 많은 것들이 모형적인 의미를 지니고 있다는 것을 굳게 믿었지만, 성경의 모든 대목에서 그리스도를 발견해 내야 한다는 루터의 견해에는 동의하지 않았다. 나아가, 그는 메시아적인 것으로 인정할 수 있는 시편의 수를 축소시켰다. 그는 예언서는 역사적 상황이라는 빛 속에서 해석되어야 한다고 역설하였다. 그는 해석자의 가장 큰 덕목으로 간결 명료함을 꼽았는데, 실제로 그러한 덕목을 직접 보여주었다. 또한, 그는 "성경의 저자가 말하고 있다고 우리가 생각하는 것을 그 저자에게 돌리는 것이 아니라 저자로 하여금 저자가 무엇을 말하고 있는지를 말하게 하는 것이야말로 해석자의 제일의 임무"로 여겼다.

4. 로마 가톨릭

그들은 종교개혁 시대에 석의와 관련해서 아무런 진보도 보여주지 못하였다. 그들은 개인의 판단의 권리를 인정하지 않았고, 개신교와는 반대로 성경은 전승에 부합되게 해석하여야 한다는 입장을 옹호하였다. 트렌트 공의회(the council of Trent)는 (1) 교회 전승의 권위는 유지되어야 한다는 것, (2) 불가타 역본에 최고의 권위가 부여되어야 한다는 것, (3) 개인의 성경 해석은 교회의 권위 및 교부들의 일치된 견해에 반드시 부합하여야 한다는 것을 강조하였다. 이러한 원칙들이 지배하는 곳에서 석의의 발전이 완전히 멈춰 버린 것은 당연한 일이었다.

질문들

르네상스는 무엇이었는가? 그것은 유신론적 운동이었는가, 아니면 인본주의적 운동이었는가? 그것은 종교개혁에 어떤 영향을 끼쳤는가? 우리는 종교개혁자들이 유기적 영감설을 지니고 있었다는 것을 보여주는 어떤 증거를 가지고 있는가? 적어도 초기 종교개혁자들이 알레고리적인 해석의 위험성을 완전히 피하지는 못한 것을 우리는 어떻게 설명하여야 하는가? "개인의 판단의 권리"란 무엇인가? 멜란히톤과 칼빈은 해석에 있어서 논란이 있는 경우에 어떻게 일치된 견해에 도달해야 한다고 제안하였는가? 신약성서의 석의에 대한 루터의 유일하게 일관되고 완벽한 기여는 무엇인가? 칼빈의 주석의 성격은 무엇인가? 그의 석의 저작은 어떤 점들에서 진전을 보여주고 있는가? 로마 가톨릭 해석자들은 트렌트 공의회의 교회법규를 엄격하게 지키고 있는가?

D. 신조주의(Confessionalism) 시대

종교개혁 이후의 시기 동안에 개신교가 묵은 누룩을 완전히 청산해 내지 못했었다는 것이 분명해졌다. 그들은 이론상으로는 성경은 성경의 해석자이다(Scriptura Scripturae interpres)라는 건전한 원리를 유지하였다. 그러나 그들은 성경의 석의를 공의회와 교황들에 의해서 형성된 전승과 교회의 가르침에 종속시켜서 그 지배를 받게 하는 것을 거부하긴 하였지만,

석의를 교회의 신조적 표준들에 종속시킬 위험성에 처해 있었다. 당시는 신조들의 시대였다. “당시에는 거의 모든 중요한 도시나 공국(公國)은 자신이 좋아하는 신조를 지니고 있었다”(Farrar). 게다가, 당시는 논쟁의 시대였다. 개신교는 몇 개의 분파로 갈가리 찢겨져 있었다. 당시의 호전적인 분위기는 무수한 논쟁적인 저작들 속에서 분명하게 드러난다. 이 때는 누구나 다 성경을 근거로 들어서 자신의 견해를 옹호하고자 하였다. 석의는 교의학의 시녀가 되었고, 단순히 증거 본문을 찾아내는 행위로 전락하였다. 사람들은 신조들 속에 표현되어 있는 진리들을 찾아내기 위해서 성경을 연구하였다. 이런 경향은 특히 루터파에서 심하였지만, 개혁파 신학자들도 어느 정도는 그랬다. 일부 사람들이 성경의 영감과 관련해서 기계적 영감설로 기운 것도 바로 이 시대였다. 스위스 일치 신조(Formula Consensus Helvetica)를 참조하라. 북스토르프스(Buxtorfs)는 심지어 히브리어 본문의 모음점들도 하나님의 감동으로 된 것이라고까지 주장하였다.

해석 원리의 역사와 관련해서 중요한 것은 이 시기의 지배적인 경향이 아니라 거기에 대한 몇몇 반발들인데, 특히 여기에서 언급해 둘 가치가 있는 것들로는 세 가지가 있다.

1. 소키누스파(the Socinians)

그들은 단 하나의 해석 원리를 제시하지는 않았지만, 성경은 합리적인 방식으로, 또는 좀 더 정확히 말하면 이성과의 조화 속에서 해석되어야 한다는 전제 위에서 그들의 모든 해석을 진행하였다. 하나님의 말씀인 성경은 이성과 모순되는 것, 그들의 말에 의하면 합리적으로 이해될 수 없는 것은 하나도 담고 있을 수 없었다. 따라서 삼위일체, 섭리, 그리스도의 두 본성에 관한 가르침들은 배제되었다. 그들은 합리주의와 초자연주의가 혼합된 신학 체계를 세웠다. 그들은 그들이 신조의 멍에로부터 자유롭다는 것을 자랑하였지만, 결국 그들의 석의는 그들의 교리 체계에 의해서 지배되었다.

2. 코케이우스(Coccejus)

이 네덜란드 신학자는 당시의 해석 방법론에 대단히 불만족스러워 하였다. 그는 성경을 증거 본문들의 모음집으로 여기는 자들은, 여러 다른 부분들이 전체적으로 서로서로 연관되어 있는 유기체로서의 성경을 제대로 다루고 있지 못한 것이라고 느꼈다. 그는 해석자는 성경의 각각의 구절을 그 책의 맥락, 저자의 지배적인 사상과 목적에 비추어서 연구해야 한다고 생각하였다. 그의 기본적인 원칙은, 성경의 단어들은 그것들이 전체 단락 속에서 의미할 수 있는 모든 것을 의미한다는 것이었다. 그는 자신의 한 저작에서 이 원칙을 이렇게 표현한다: "성경에서 단어들의 의미는 아주 포괄적이어서, 하나 이상의 사고(思考), 아니 종종 여러 개의 사고를 담고 있고, 노련한 성경 해석자는 그 단어들로부터 이 여러 개의 사고를 추론해 낼 수 있다." 파러(Farrar)가 말하고 있듯이, 이렇게 "그는 진짜 의미와 그 모든 적용들을 치명적으로 혼동함으로써 의미의 복수성(複數性)이라는 잘못된 결론을 이끌어 내었다." 이것은 그의 지나친 모형론에 의해서 더욱 악화되었는데, 그는 성경의 모든 대목에서 그리스도를 찾아 내고자 했을 뿐만 아니라, 성경의 역사, 즉 구약성서나 그리스도의 말씀과 행위 속에는 신약 교회의 변천사가 모형적으로 반영되어 있다고 보고 거기에서 그런 것들을 찾아 내고자 했다. 그러나 그의 석의가 아무리 결함을 지니고 있다고 하더라도, 그는 하나님의 계시가 지닌 유기적 성격을 환기시킴으로써 선한 기여를 하였다.

투레틴(J. A. Turretin)은 코케이우스와 그의 추종자들이 따랐던 자의적인 해석 방법에 반대하였다. 그는 이 학파가 발견해 낸 가상적인 의미들에 반대하여, 성경은 그 어떤 교리적인 선입견들 없이 논리와 분석의 도움을 받아서 해석되어야 한다고 역설하였다. 그는 아주 좋은 지대한 영향을 미쳤다.

3. 경건주의자들(the Pietists)

그들은 개신교도들 가운데서의 논쟁과 싸움에 넌더리가 나서 참된 경건의 삶을 증진시키는 데에 힘을 쏟았다. 전체적으로 보아서, 그들은 당시의 교의적인 해석에 반대하여 건강하게 반발한 세력을 대표하는 자들이었다. 그들은 성령의 조명하심 아래에서 성경을 원어로 연구할 것을 역설하였다. 그러나 그들은 성경 해석에 있어서 일차적으로 건덕(健德)을 목표로 삼았기 때문에 점차 학문을 경시하는 쪽으로 갈 수밖에 없었다. 그들의 평가에 의하면, 하나님의 말씀에 대한 문법적, 역사적, 분석적 연구는 단지 하나님의 사고를 싸고 있는 바깥 껍데기에 관한 지식만을 길러줄 뿐이지만, 교훈적(책망을 위하여 교훈을 이끌어 내는 것), 실천적(기도와 탄식) 연구는 진리의 알맹이까지 미친다. 람바흐(Rambach)와 프랑케(Francke)는 이 학파의 가장 뛰어난 대표자들이었다. 그들은 해석자의 감정은 그가 이해하고자 하는 저자의 감정과 하나가 되어야 한다는 의미에서의 심리학적 해석의 필요성을 역설한 최초의 인물들이었다. 이 해석자들은 신비적인 경향을 지니고 있었기 때문에 객관적으로 강조되고 있지 않은 것을 지나치게 강조하는 잘못을 저지르게 되었다. 벵겔(Bengel)은 이 학파가 배출한 최고의 해석자였다.

질문들

이 시기에 생겨난 중요한 신조들로는 어떤 것들이 있는가? 신조가 석의를 지배하는 것에 대한 결정적인 반론으로는 어떤 것이 있는가? 자기 교단의 신조에 대한 해석자의 합당한 태도는 무엇인가? 석의와 교의학은 어떤 관계에 있는가? 코케이우스는 어떤 점들에서 잘못을 저질렀고, 그 이유는 무엇인가? 심리학적 해석이란 무엇을 의미하는가? 성경의 해석에서 경건은 필수적인가?

E. 역사비평 시대

이전 시대에도 이미 성경에 대한 교의적 해석에 대한 반대가 일부 존재하였지만, 이제 이 시대에서는 반발의 정신이 해석학과 석의 분야에서 지배적인 목소리가 되었다. 이 목소리는 흔히 아주 극단적인 입장들로 표현되었고, 그런 까닭에 완강한 저항에 부딪쳤다. 이 시대도 작용과 반작용이 그 특징을 이루었다. 성경의 영감에 관하여 아주 다양한 견해들이 제시되었지만, 그것들은 모두 한결같이 축자 영감설과 성경의 무오설을 부정하는 데에는 한 목소리를 내었다. 성경에 인간적인 요소가 존재한다는 것이 과거 어느 때보다도 훨씬 더 역설되었고 전반적인 공감을 얻었다. 신적인 요소를 믿었던 자들도 인간적인 요소와 신적인 요소의 상호작용에 대하여 성찰하였다.

이제 영감설을 체계화하고자 하는 시도들이 행하여졌다. 어떤 이들은 성경의 여러 부분들은 영감의 정도에 있어서 서로 다르다는 르클레르(Le Clerk)의 견해를 따랐고, 성경의 오류와 불완전한 것들에 대해서는 최소한도로 인정하였다. 어떤 이들은 영감(inspiration)을 신앙 및 도덕과 관련된 부분들에만 국한시키는 부분 영감설을 받아들였고, 역사적이고 지리적인 부분들에서는 오류를 인정하였다. 슐라이어마허(Schleiermacher)와 그의 추종자들은 영감의 초자연적인 성격을 부정하고, 영감을 그리스도인들이 영적으로 각성된 것과 동일시하였고, 베그샤이더(Wegscheider)와 파커(Parker)는 영감을 모든 사람이 단지 자연의 빛 덕분에 소유하고 있는 능력으로 축소시켰다. 오늘날에는 역동적 영감설을 지지하고, 영감을 성경의 저작들이 아니라 저자와 결부시키는 것이 관례이다. 래드(Ladd)에 의하면, “영감은 초자연적이고 영적인 에너지가 들어와서 인간의 영적인 에너지가 강화되고 그 에너지가 새로운 질서를 부여받는 것으로 인식되어야 한다”(*The Doctrine of Sacred Scripture*, II, p. 471). 이러한 영감의 산물은 “계시”라 불린다.

영감은 주석자에게 필수적인 상태(conditio sine qua non), 즉 선입견들이 없는 상태, 교리나 교회의 신조 표준들에 의한 지배로부터 전적으로 자유로운 상태로 묘사된다. 또한, 성경은 여느 다른 책들과 마찬가지로 해석되어야 한다는 것이 하나의 확고한 원칙이 되었다. 성경의 특유한 신적인 요소는 일반적으로 경멸을 받았고, 해석자는 통상적으로 역사적이고 비평적인 문제들에 관한 논의로 스스로를 제한하였다. 이 시대가 맺은 열매는 성경에 대한 문법적-역사적 해석의 필요성에 대한 분명한 인식이었다. 또한, 하나님의 계시로서의 성경을 제대로 다루기 위해서는 이 두 가지 해석 원리가 뭔가 다른 원리에 의해서 보완되어야 한다는 인식이 점차 생겨나고 있었음을 보여주는 증거들도 있다.

이 시대의 시작을 알린 신호탄은 두 개의 서로 상반된 학파, 즉 문법학파와 역사학파의 출현이었다.

1. 문법학파

이 학파의 창시자는 신약성서의 해석에 대한 중요한 저작을 쓴 에르네스티(Ernesti)였는데, 그는 그 저작에서 네 가지 원리를 제시하였다. (1) 성경의 다중적 의미는 배척되고, 오직 문자적 의미만이 유지되어야 한다는 것, (2) 알레고리적이고 모형론적인 해석은 저자가 문자적 의미에 또 다른 의미를 덧붙이고자 했다는 것을 나타내 보인 경우 외에는 인정되지 않아야 한다는 것, (3) 성경은 다른 책들과 마찬가지로 문법적 의미를 지니기 때문에, 이 문법적 의미는 성경이나 다른 책들이나 비슷하게 확인되어야 한다는 것, (4) 문자적 의미는 미리 전제된 교리적 의미에 의해서 결정되어서는 안 된다는 것.

문법학파는 본질적으로 초자연주의적인 학파로서 "정통적인 해석과 종교적 진리의 합법적인 원천으로서의 본문의 자구(字句)들"(Elliot)에 스스로를 구속시켰다. 그러나 이러한 방법론은 오직 본문에 대한 순수하고 단순한 해석에만 기여하였고, 그런 해석만으로는 성경 해석이 언제나 충분할 수는 없다는 점에서 일방적인 것이었다.

2. 역사학파

이 학파는 제믈러(Semler)에게서 시작되었다. 경건한 부모에게서 태어났던 그는 자기도 모르는 사이에 합리주의의 아버지가 되었다. 그는 정경(正經)을 논의하는 저작을 통해서 성경의 인간적이고 역사적인 기원과 편찬이라는 진리가 무시되고 있는 것에 주의를 환기시켰고, 신약성서의 해석에 대한 두 번째 저작에서는 몇 가지 해석 원리를 제시하였다. 제믈러는 성경의 여러 책들과 정경 전체가 역사적인 방식으로 기원하였기 때문에 역사적인 조건 하에서 형성되었다는 사실을 역설하였다. 성경의 각각의 책들이 서로 다른 계층의 사람들을 위해 씌어졌다는 사실을 근거로 그는 성경의 책들은 단지 지역적이고 일시적인 것이어서 모든 사람과 모든 시대에 대하여 규범적 가치를 지니도록 의도되지 않은 많은 것들을 담고 있다고 추론하였다. 또한, 그는 예수와 사도들이 몇몇 문제들에 있어서 당시 청중이었던 사람들에게 자신을 맞춘 것으로 보아서 성경의 책들 속에는 오류들도 혼합되어 있다고 보았다. 그래서 그는 신약성서를 해석할 때에 이러한 것들을 반드시 염두에 두어야 한다고 역설하였다. 성경에서 무엇이 구속력 있는 진리의 요소인가라는 질문에 대한 답변 속에서 그는 "완전한 인간의 도덕적 성품에 기여하는 것" 이라고 지적하였다. 그의 가르침은 성경은 오류가 있는 인간의 산물이라는 사상을 촉진시켰고, 실질적으로 인간의 이성을 신앙의 판단자로 만들어 버렸다. 제믈러는 이러한 사상들을 독창적으로 만들어 낸 것이 아니라, 단지 당시에 널리 퍼져 있던 사상들을 대변한 것뿐이었다.

3. 그 결과로 생겨난 경향들

이 시대는 두 개의 서로 상반된 학파의 출현으로 시작되었지만, 곧 해석학과 석의의 분야에서 세 가지 서로 구별되는 경향들이 존재하게 되었다. 상당수의 해석자들은 제믈러(Semler)의 합리주의적 원리들을 그가 아연실색할 방식으로 발전시켰다. 어떤 이들은 합리주의의 극단적인 입장들에서 발을 빼어 중도적인 입장을 취하거나 종교개혁의 원리들로 되돌아갔다. 또한, 어떤 이들은 문법적-역사적 해석 방법론은 해석자로 하여금 성경의 정신 속으로 파고들어갈 수 있게 해줄 어떤 원리에 의해서 보완되어야 한다는 사실을 강조하였다.

(1) **극단적 합리주의.** 제믈러가 뿌린 씨앗은 역사적 해석의 분야에서 극단적 합리주의를 낳았다. 이것은 다음과 같은 예들 속에서 볼 수 있다:

a. 하이델베르크의 파울루스(Paulus of Heidelberg)는 순전히 자연주의적인 입장을 취하였다. 그는 "실질적으로 이성에 충실한 것"을 기독교의 원천으로 보았다. 가장 악명높은 것은 이적들에 대한 그의 해석이었다. 그는 이 문제를 두 가지 질문, 즉 (a) 이적들은 과연 일어난 것인가, (b) 이적이라는 것이 일어났다고 한다면 그것은 어떻게 일어날 수 있었을 것인가로 구분하였다. 그는 전자의 질문에 대해서는 긍정으로 대답한 반면에, 후자의 질문과 관련해서는 모든 초자연적인 요소들을 부정하였다.

b. 파울루스의 학설은 신약성서에 대한 신비적 해석을 주창하였던 슈트라우스(Strauss)의 비웃음을 샀다. 슈트라우스는 헤겔의 영향을 받아서 메시야 사상과 거기에 덧붙여진 온갖 이적적인 요소들은 인류의 역사 속에서 점진적으로 발전된 것이라고 가르쳤다: 예수 시대에 메시야 기대는 널리 퍼져 있었다. 예수의 행위와 가르침은 그의 제자들에게 아주 깊은 인상을 남겼기 때문에, 제자들은 그가 죽은 후에 부활을 포함해서 메시야에게 기대되었던 온갖 놀라운 말씀과 행위들을 그에게 돌렸다.

c. 그러나 이번에는 슈트라우스의 이러한 견해는 튀빙겐 학파의 창시자였던 바우어(F. C. Baur)에 의해서 조소를 당하였다. 바우어는 신약성서는 정립, 반정립, 종합이라는 헤겔의 원리에 따라 생겨난 것이라고 가르쳤다. 그는 처음에 베드로파와 바울파 간의 적대감 때문에 경쟁적인 문헌들이 생겨났고, 최종적으로는 이 두 파의 화해를 모색하는 책들이 편찬된 것이라고 주장하였고, 그 결과 신약 문헌 속에는 이 세 가지 경향성이 분명하게 드러난다고 말하였다. 이 학설도 당시에는 상당한 영향을 지니고 있었다.

d. 오늘날에는 신약성서보다 구약성서가 비평학적 공격의 대상이다. 그라프(Graf)-퀴넨(Kuenen)-벨하우젠(Wellhausen) 학파는 이른바 "객관적 역사"의 방식으로, 즉 진화론적 철학에 맞춰서 구약성서를 설명하고자 한다. 이 학파의 저작은 경탄을 불러일으키는 꼼꼼함과 치밀함, 놀라운 독창성이 특징이다. 그러나 지금에 있어서조차도 이 학파가 일과성(一過性)으로 끝나버리게 되리라는 것을 보여주는 조짐들이 있다.

(2) **합리주의에 대한 두갈래의 반작용.** 합리주의가 횡행할 때에 반대나 반작용이 없었던 것은 아니었다. 시간이 지나면서 두 갈래의 반작용이 분명하게 드러나게 되었다.

a. 중도학파. 슐라이어마허는 이 학파를 창시한 인물이라고 말하기는 힘들지만 어쨌든 분명히 이 학파의 원천이었다. 해석학에 관한 그의 유고(遺稿)는 사람들의 기대에 부응하지 못하였다. 그는 영감설을 무시하였고 구약성서의 영속적인 유효성을 부정하였으며 성경을 다른 일반 책들과 마찬가지로 다루었다. 그는 성경에 나오는 대부분의 내용의 진정성을 의심하지는 않았지만, 본질적인 것들과 비본질적인 것들을 구별하고서, 비평학을 통해서 이 둘을 구별해 낼 수 있다고 자신하였다. 그는 석의 작업에 있어서 마음의 참된 경건을 늘 강조하는 가운데 대체로 합리주의의 방법들을 따랐다.

그의 추종자들 가운데서 데베테(De Wette), 블레이크(Bleek), 게제니우스(Gesenius), 에발트(Ewald) 같은 이들은 합리주의에 기울어져 있었다. 하지만 어떤 이들은 좀 더 복음적이어서 중도적인 입장을 따랐는데, 그러한 인물들로는 톨룩(Tholuck), 림(Riehm), 바이스(Weiss), 뤼케(Luecke), 네안더(Neander) 등이 있었다. 그들은 축자 영감설을 철저하게 거부하였지만, 동시에 성령의 신적 권위에 대한 대단한 경외심을 지니고 있다고 고백하였다. 리히텐베르크(Lichtenberg)는 이렇게 말한다: "중도학파는 정경의 무오성이나 성경 본문의 완전 영감설을 인정하지 않고, 이 두 가지가 역사비평에 의해서 검증되어야 한다고 주장하지만, 그럼에도 불구하고 신앙의 문제들에 있어서 성경의 권위를 고백한다" (*History of German Theology in the Nineteenth Century*, p. 470).

b. 헹스텐베르크 학파. 당연한 말이지만, 앞서 말한 학파의 중도적 성격은 그 학파의 약점이기도 하였다. 중도학파는 합리주의의 행진을 저지하는 데에 기여하지 못하였다. 합리주의에 대한 훨씬 더 효과적인 반발은 종교개혁의 원리들로 되돌아간 헹스텐베르크(Hengstenberg)의 학파에서 나타났다. 그는 성경의 완전 영감을 믿었고, 그 결과 성경의 절대적 무오성을 옹호하였다. 그는 루터파의 신조 표준들에 정면으로 맞섰다. 그가 변증에 있어서 다소 부자연스럽고 다소 독단적인 주장들을 펼치며 종종 다소 자유롭게 알레고리화하는 경향을 보여주었다는 것은 사실이다. 그러나 전체적으로 볼 때, 그의 석의 저작은 언어학과 역사학에 깊은 조예, 하나님에 의해 계시된 진리에 대한 믿음과 통찰을 지니고 있었음을 보여준다. 그의 제자들과 추종자들로는 카일(K. F. Keil), 헤페르닉(Havernick), 쿠르츠(Kurtz) 등이 있었다.

(3) **문법적-역사적 의미를 뛰어넘고자 한 시도들.** 이 시대가 후세에 지속적으로 미친 영향은 문법적-역사적 해석 방법론을 확고히 정립했다는 것이다. 우리는 이와 같은 영향력을 카일(C. A. G. Keil), 데이빗슨(Davidson), 페어베언(P. Fairbairn), 임머(A. Immer), 테리(M. S. Terry)가 쓴 해석학적 저작들 속에서 발견할 수 있다. 그러나 문법적-역사적 해석에 완전히 만족하지 못하고 그것을 보완하고자 하는 경향이 점차 뚜렷해지고 있었다.

a. 칸트(Kant)는 성경에 대한 도덕적 해석만이 종교적 의미를 지닌다고 주장하였다. 그는 인간의 윤리적 진보야말로 하나님의 말씀을 해석하는 주도적인 원리가 되어야 하고, 이 목적에 부응하지 못하는 해석은 그 무엇이든 배척되어야 한다고 보았다.

b. 올하우젠(Olhausen)은 "성경의 더 깊은 의미"를 볼 줄 알아야 한다고 주장하였다. 그에게 있어서 그것은 문자적 의미와는 별개의 그 무엇이 아니라, 문자적 의미와 밀접하게 연결되어 있고 문자적 의미에 토대를 둔 그

무엇이었다. 성경의 더 깊은 의미를 찾아내는 길은 "인간 및 하나님과의 생생한 연합 속에서 성경에 나타난 하나님의 계시, 그 중심인 그리스도"를 인정하는 것이다(Immer). 성경의 이러한 더 깊은 의미는 하나님의 계시의 핵심이다. 하지만 올하우젠은 이러한 주장을 펴면서도 예전의 알레고리적인 해석을 경계한다. 슈티어(R. Stier)도 일정 정도 그의 궤적을 따랐다.

c. 게르마르(Germar)는 스스로 성경에 대한 정합적(整合的, panharmonic) 해석이라 불렀던 해석 방법론을 주창하였다. "그는 성경에서 찾아진 의미가 하나님의 계시로 여겨지기 위해서는 그리스도의 말씀들 및 그 밖의 다른 참되고 확실한 것들과 철저히 조화를 이루어야 할 것을 요구하였다(Reuss). 물론, 이 해석 원리는 액면 그대로 볼 때에는 참되기는 하지만, 성경을 어느 정도나 하나님의 계시로 인정해야 하는지, 어떤 것들을 참되고 확실한 것들이라고 해야 하는지를 놓고는 어느 정도 주관성의 여지를 남겨 놓는다.

d. 벡(T. Beck)은 이른바 영적 해석을 주창하였다. 그는 해석자에게 믿음의 영을 요구하였다. 그의 주장에 의하면, 이 믿음의 영은 성경의 여러 부분들이 하나의 유기적 전체를 이루고 있다는 깨달음을 준다는 것이다. 성경의 여러 개별적인 부분들은 성경에서 그 의미가 불분명하지 않고 명확한 부분들 속에서 드러나는 이러한 전체적인 지형(地形)의 빛 아래에서 해석되어야 한다. 이것은 성경은 신앙의 표준에 따라서 해석되어야 한다고 말하는 것이나 사실상 다름없다.

문법적-역사적 의미를 보완해 줄 수 있는 해석 원리를 찾는 것은 루츠(Lutz), 호프만(Hofmann), 클라우젠(Klausen), 란더러(Landerer) 등이 쓴 저작들의 특징이기도 하다. 우리는 장래에는 이 문제와 관련해서 성경을 하나님의 감동으로 된 말씀으로 받아들이는 자들 가운데서 더 큰 견해의 일치가 이루어질 것이라고 확신한다.

질문들

축자 영감설과 완전 영감설의 차이는 무엇인가? 부분 영감설은 어떤 형태들로 제시되고 있는가? 해석자가 선입견을 갖지 않는다는 것이 가능한가? 상황적합성(accommodation)의 원리는 성경에서 인정되고 있는가, 만약 있다면 어떤 식으로 인정되고 있는가? 제믈러의 상황적합성 이론에는 어떠한 심각한 반론이 존재하는가? 합리주의의 주된 특징은 무엇인가? 몇몇 독일 신학자들은 왜 "중도학파 신학자들"로 불리는가? 문법적-역사적 해석이 불충분한 이유는 무엇인가?

제 4 장

해석학의 대상인 성경에 대한 합당한 개념

성경 해석학(Hermeneutica Sacra)을 제대로 다루고자 한다면, 무엇보다도 먼저 그 대상인 성경이 무엇인지를 살펴보지 않으면 안 된다. 왜냐하면, 특수 해석학은 언제나 그 해석학이 적용되는 특정 부류의 문헌에 스스로를 맞춰야 하기 때문이다. 또한, 성경이 지닌 독특한 성격은 그 해석을 지배해야 할 원리들을 일정 정도 결정한다. 그렇다고 해서 성경이 지닌 온갖 속성들을 다 서술할 필요는 없고, 단지 그 해석에 이런저런 식으로 영향을 미치는 특성들만을 살펴보면 된다.

A. 하나님의 감동으로 된 성경

성경의 특성을 살펴볼 때에 우리의 신조에 나와 있는 저 모든 것을 통괄하는 대원리에 가장 첫 자리를 내어주는 것은 지극히 당연한 일이다: "우리는 고백한다. 이 하나님의 말씀은 사람의 뜻으로 내거나 전해진 것이 아니라, 사도 베드로가 말하듯이 오직 성령의 감동하심을 받은 사람들이 하나님께 받아 말한 것이다. 그런 후에 하나님은 우리와 우리의 구원을 특별히 생각하셔서 그의 종들인 선지자들과 사도들에게 그의 계시된 말씀을 기록하도록 명하셨다. 하나님은 율법의 두 돌판을 그의 손가락으로 직접 쓰셨다. 그러므로 우리는 이 기록들을 거룩한 신적인 글들이라 부른다" (Art. Ill, *Confessio Belgica*).

성경은 하나님의 감동으로 되었다 — 이것은 성경 해석학을 통괄하는 대원리이다. 이 원리를 무시하면 결코 무사할 수 없다. 이 원리를 무시하는 해석 이론은 기본적으로 결함이 있는 것이기 때문에 하나님의 말씀으로서의 성경을 이해하는 데에 기여할 수 없다.

그러나 성경이 하나님의 감동으로 되었다는 단언은 충분히 명확하다고 할 수 없다. "하나님의 감동으로 되었다"는 말의 의미는 다소 불명확하기 때문에 좀 더 세밀한 설명을 필요로 한다. 우리는 하나님의 감동으로 되었다는 말을 성경의 기자(記者)들이 성령에 의한 초자연적인 영향력을 받았고, 이 때문에 그들이 쓴 글들은 신적인 진리성을 부여받아서 신앙과 실천의 무오하고 충분한 준칙을 구성한다는 뜻으로 이해한다.

워필드(Warfield) 박사가 말했듯이, 이것은 성경의 기자들이 그들 스스로의 주도권 하에서가 아니라 "하나님의 주도권에 의해서 마음이 움직여지고 하나님의 성령의 저항할 수 없는 능력에 의해서 영향을 받아서 성령이 그가 정한 목적을 위해 선택한 길들을 따라" 글을 썼다는 것을 의미한다. 성경의 기자들이 성경의 각 책들을 쓸 때에 성령의 인도하심을 받았다고 할 때, "쓰다"라는 말은 포괄적인 의미로 해석되어야 한다. 그것은 자료 조사, 사실들의 수집, 소재들의 배열, 단어들의 선택, 그러니까 하나의 책을 쓸 때에 거치게 되는 사실상 모든 과정을 포함한다. 하나님의 감동으로 되었다는 것은 하나님에게서 직접적으로 말과 단어들을 전달해 받았다는 엄격한 의미를 지닌 계시와 구별되어야 한다. 전자는 가르침에 있어서의 무오성을 보장해 주는 반면에, 후자는 지식의 창고에 더해진다. 그러나 이 두 가지는 모두 넓은 의미에서의 하나님의 계시의 방식들, 즉 하나님이 그의 뜻, 그의 역사(役事), 그의 목적을 사람에게 알게 하시는 방식들로 여겨져야 한다.

1. 성경이 하나님의 감동으로 되었다는 것을 보여주는 성경적 증거

많은 해석자들은 성경이 하나님의 감동으로 되었다는 개념 자체를 단호하게 반대한다. 그들은 흔히 그러한 영감설은 보수 진영의 신학자들이 하나님의 말씀의 특성이 어떤 것이 되어야 하느냐에 관한 그들의 선입견들에 성경을 맞추기 위하여 고안해 낸 이론이라고 주장한다. 그러나 위에서 정의한 영감설을 성경에 억지로 꿰맞춰 적용한 철학 이론쯤으로 여기는 것은 큰 잘못이다. 이 점을 가장 잘 보여주는 사실은 영감설은 하나님과 섭리에 관한 가르침, 그리스도와 속죄 등에 관한 가르침과 마찬가지로 성경적인 가르침이라는 것이다. 성경은 우리에게 성경에 관한 가르침과 관련된 꽤 많은 자료들을 제공해 준다. 성경이 하나님의 감동으로 되었다는 것을 보여주는 성경적 증거들 중에서 가장 중요한 것들을 간략하게 서술해 보면 다음과 같다.

(1) 성경은 계시의 기관들(organs)이 하나님의 감동을 받아서 그들이 받은 계시들을 사람들에게 구두로 전했다는 것을 분명하게 가르친다.

a. 성경이 선지자들의 상태와 기능을 서술할 때에 사용하는 표현들은 그들이 직접적으로 하나님의 영에 의해 감동되었다는 의미를 함축하고 있는 그런 것들이다. 선지자를 의미하는 히브리어 '나비' 라는 명칭은 그 기원이 불확실해서, 그 명칭으로부터는 아무것도 추론해낼 수 없다. 그러나 '나비'의 고전적인 용법을 보여주는 출애굽기 7:1은 선지자는 사람에게 하나님을 대변하는 자, 좀 더 구체적으로 말해서 하나님의 말씀을 사람에게 전하는 자라는 것을 우리에게 분명히 가르쳐준다. 신 18:18; 렘 1:9; 벧후 1:21도 참조하라. 또한, 성경에서는 하나님의 영이 선지자들에게 임하였다는 것, 여호와의 손이 그들 위에서 강하였다는 것, 그들이 하나님의 말씀을 받았고 그 말씀을 전할 수밖에 없는 강력한 속박 아래 놓여 있게 되었다는 것을 우리에게 말해준다(사 8:11; 렘 15:17; 겔 1:3; 3:22; 37:1).

b. 선지자들이 사용한 도입어구들은 그들이 여호와의 말씀을 가지고 사람들

에게 나아가는 것을 의식하고 있었다는 것을 분명하게 보여준다. 그들이 자신의 심정을 토로하는 말들 속에는 그들이 하나님께서 그들의 마음을 그들 자신의 의식에서 유래하지 않은 내용으로 가득 채우셨다는 것을 잘 알고 있었음이 드러난다. 그런 까닭에, 그들은 다음과 같은 도입어구들을 사용한다: "여호와께서 이같이 말씀하셨다"; "너희는 여호와의 말씀을 들으라"; "여호와 하나님께서 이같이 내게 보이셨다"; "여호와의 말씀이 … 에게 임하였다."

c. 선지자들이 쓴 글들에는 이와 같은 것을 보여주는 또 하나의 주목할 만한 특징이 있다. 여호와께서 말씀하시는 것으로 소개하는 많은 강화(講話)들 속에서 선지자들은 "여호와께서 말씀하신다"라는 이행문구를 사용함이 없이 갑자기 3인칭에서 1인칭으로 넘어간다. 달리 말하면, 그들은 느닷없이 마치 그들이 하나님인 것처럼 말하기 시작함으로써 독자들을 깜짝 놀라게 한다는 것이다. 사 3:4; 5:3ff.; 10:5ff.; 27:3; 렘 5:7; 16:21; 호 6:4ff.; 욜 2:25; 암 5:21ff.; 슥 9:7 등을 참조하라. 만약 하나님께서 그들이 전하고 있는 말씀들을 하나님 자신의 말씀으로 그들의 입에 넣어 주시고 계시다는 것을 그들이 절대적으로 확신하지 못하였다면, 이런 일은 선지자들 편에서 볼 때에 유례를 찾아볼 수 없을 정도로 대담한 짓이 될 것이었다.

d. 신약으로 눈을 돌려보면, 우리는 그리스도께서 제자들에게 성령이 그들에게 모든 것을 가르치고 그가 그들에게 말한 모든 것을 생각나게 하리라(요 14:26)고 약속하셨다는 것을 발견한다. 이 약속은 오순절 날에 성취되었고, 그 때 이후로 제자들은 무오하게 사람들을 가르치는 자들로서 말씀을 전한다. 그들은 그들이 전하는 말씀들이 곧 하나님의 말씀이라는 것을 알고(살전 2:13), 그들의 증언이 곧 하나님의 증언이라는 것을 확신한다(요일 5:9-12).

(2) 성경은 기록된 말씀이 하나님의 감동으로 된 것이라고 가르친다.

앞에서 말한 여러 확실한 것들은 성경의 각 책들을 쓸 때에 계시의 기관들이 하나님의 영으로 감동을 받았다는 쪽에 유리한 개연성을 만들어 낸다. 하나님께서 반드시 그들이 성령의 지도하심 아래에서 사람들에게 구두로 말씀을 전해야 한다고 생각하셨다면, 그들이 쓴 글들도 반드시 동일한 방식으로 안전하게 보호를 받아야 한다고 생각하지 않으셨을 리가 없다. 그러나 우리는 단지 개연성 있는 증거들로 만족하는 데에 머물 필요가 없다. 성경은 실제로 기록된 말씀이 하나님의 감동으로 된 것이라고 가르친다. 성경 전체가 하나님의 감동으로 되었다는 것을 명시적으로 단언하고 있는 구절은 단 하나도 없다는 것은 사실이지만, 여러 가지 증거들을 누적적으로 고려해 보면 이 점은 의문의 여지가 없다.

a. 신약 시대에 유대인들은 전문적으로 말해서 '헤 그라페' (글) 또는 '하이 그라파이' (글들)라 지칭된 글들의 모음집을 소유하고 있었다(롬 9:17; 눅 24:27). 신약에서 이 '헤 그라페' 는 신적인 권위를 지닌 것으로 반복적으로 인용된다. 그리스도와 그의 제자들에게 있어서 '헤 그라페' 를 근거로 제시하면 모든 논쟁은 끝이 났다. 그들이 말한 "기록되었으되" 는 곧 "하나님께서 말씀하시되" 와 같은 의미였다. 또한, 이 글들은 종종 그 글들이 지닌 거룩한 속성을 보여주는 방식으로 지칭되기도 하였다. 예를 들면, 그 글들은 '그라파이 하기아이' (거룩한 글들, 롬 1:2), '타 히에라 그람마타' (거룩한 문자들, 딤후 3:15)로 지칭된다. 이러한 것들 외에도 그 글들이 신적인 속성을 지니고 있음을 직접적으로 보여주는 서술도 등장한다. 그 글들은 "하나님의 말씀" (롬 3:2)이라 지칭된다. 고전적인 구절인 디모데후서 3:16을 보면, 성경 전체를 직접적인 하나님의 계시로 인식하고 있음이 아주 분명히 드러난다.

b. 신약에는 하나님과 성경을 화자(話者)로 규정하고 있는 몇몇 구약 인용문들이 나온다. 그 두드러진 예는 히브리서 1:5-13인데, 거기에서는 일곱 개의 구약의 말씀들을 인용하면서 그것들을 하나님께서 말씀하셨다고 말한다(시 2:7; 삼하 7:14; 신 32:43[LXX], 또는 시 97:7; 시 104:4; 시 45:6-7; 시 102:24-27; 시 110:1). 이 구절들을 찾아보면, 우리는 그 중 일부에서

는 하나님이 화자이시고 일부에서는 하나님이 화자가 아니라는 것을 알 수 있다. 즉, 성경이 말씀하고 있는 것을 그대로 하나님이 말씀하신 것으로 돌리고 있다는 것이다. 또한, 로마서 9:17과 갈라디아서 3:8에서는 "성경이 말씀하시되" 라는 도입어구를 통해서 구약의 말씀들을 인용하고 있지만, 실제 구약의 구절들인 출애굽기 9:16과 창세기 22:18을 보면 하나님이 화자로 되어 있다. 이러한 동일시는 오직 엄격한 영감설을 토대로 할 때에만 설명이 가능한 것이었다.

c. 성경이 하나님의 감동으로 되었다는 것을 보여주는 고전적인 증거본문은 디모데후서 3:16이다. 이 절에 대한 자세한 해석은 주석서들을 참조하기를 권한다. 여기에서는 몇 가지를 지적하는 것만으로 충분할 것이다. 이 본문의 직전의 문맥을 살펴보면, 사도는 디모데가 지니고 있던 장점들, 즉 그가 엄격한 신앙 교육을 받았었다는 것과 어릴 때부터 성경, 즉 구약을 알았다는 것에 대하여 말한다. 그리고 나서 이제 16절에서 사도는 이 성경이 얼마나 중요한지를 강조한다. 이 본문을 통해서 우리는 '헤 그라페' 가 구약 전체를 가리키기도 한다는 결론을 내릴 수 있다. '데오프뉴스토스' 라는 말은 하나님의 숨이 불어넣어진 것, 즉 하나님의 창조의 숨의 산물을 의미한다. 헬라어 '파사' 는 "모든" 으로 번역되기도 하고 "각각의" 로 번역되기도 하지만, 전자는 전체를 강조하고 후자는 그 전체의 각 부분을 강조하는 것이기 때문에, 의미상의 차이는 거의 없다. 또한, 이 본문은 두 가지로 번역된다: "모든(각각의) 성경은 하나님의 감동으로 된 것으로 … 에 유익하다" ; 또는, "하나님의 감동으로 된 모든(각각의) 성경은 … 에 유익하기도 하다." 그러나 구약이 하나님의 감동으로 되었다는 것이 단언되거나 함축되어 있기 때문에, 이 두 가지 번역은 별 차이가 없다.

d. 또 하나의 중요한 구절은 베드로후서 1:19-21이다. 거기에서 사도는 주 예수 그리스도의 능력과 오심에 관하여 그들에게 알게 한 모든 것은 교묘하게 꾸며낸 이야기들에 의거한 것이 아니라 목격자들의 말씀에 의거한 것임을 독자들에게 확언한다. 그런 후에 그는 그들이 예언의 말씀

(워필드 박사는 이것이 구약 전체를 가리키는 것이라고 이해한다) 속에서 훨씬 더 낫고 확실한 증언을 갖고 있다는 말을 덧붙이면서, 예언의 말씀은 사사로운 해석, 즉 인간의 탐구의 결과물이거나 기자(記者) 자신의 사고의 산물이 아니기 때문에 더 확실한 것이라고 말한다. 예언의 말씀은 사람의 뜻으로 말미암아 생겨난 것이 아니라 하나님의 선물로 임한 것이다.

e. 상당한 중요성을 지닌 또 하나의 구절은 고린도전서 2:7-13이다. 바울은 영원 전부터 감추어져 있어서 오직 하나님의 성령만이 알 수 있었던 하나님의 지혜가 그에게 계시되었다는 사실을 지적한다. 그런 후에 그는 계속해서 이렇게 말한다: "우리가 이것을 말하거니와 사람의 지혜가 가르친 말로 아니하고 오직 성령께서 가르치신 것으로 한다." 그는 현재 시제를 사용하고 있기 때문에, 그의 말은 그가 서신을 통해서 고린도 교인들에게 쓰고 있는 것들에도 그대로 적용된다.

(3) 성경은 하나님의 감동이 기자들이 사용한 단어들에도 미쳤다고 가르친다. 성경이 하나님의 감동으로 된 것을 믿는다고 고백하는 자들 중에도 축자영감설을 단호하게 부정하는 자들이 많다는 것은 잘 알려진 사실이다. 그들은 어떤 종류의 부분 영감설, 이를테면 단어들이 아니라 사고들만 영감되었다거나 오직 신앙과 생명에 속한 것들, 아니 심지어 범위를 더 좁혀서 오직 예수의 말씀들만 영감되었다는 것을 받아들이는 것으로 만족한다. 어떤 이들은 "축자적 영감설"이라는 용어가 기계적 영감설을 연상시킨다는 이유로 반대하고, 그 대신에 "완전 영감설"이라는 용어를 사용한다. 완전 영감설이라는 용어가 다른 무엇보다도 특히 성령의 이러한 초자연적인 인도하심이 단어들의 선택 자체에까지 미쳤다는 것을 의미한다면, 굳이 그러한 용어를 사용하는 데에 반대할 이유는 없다. 왜냐하면, 성경은 명시적인 진술과 암묵적인 진술, 이 둘 다를 통해서 이것을 분명하게 가르치고 있기 때문이다. 특히 다음과 같은 것들을 주목하라.

① (2) e 항목 아래에서 이미 언급한 구절 속에서 바울은 하나님의 성령에 의해서 계시된 것들을 가르칠 때에 "사람의 지혜가 가르친 말(words)

로 아니하고 오직 성령께서 가르치신 것(words)으로 한다"고 주장한다. 여기에서 사도는 그가 가르치는 각각의 말들이 성령께서 가르치신 말씀들이라는 것을 분명하게 지적하면서, 말들이라는 표현을 두 번이나 거듭 사용함으로써 그의 진술을 강조한다.

② 여호와는 예레미야를 부르셔서 어려운 임무를 맡기시면서 이렇게 말씀하신다: "보라, 내가 내 말을 네 입에 두었노라." 하나님께서 예레미야가 이스라엘을 향하여 그의 계시를 전하는 말씀들에 대하여 이렇게 특별히 신경을 쓰신 것을 볼 때, 우리가 추정할 수 있는 것은 이 선지자가 장래의 모든 세대를 위하여 이러한 계시들을 영속적인 형태로 표현한 말씀들에 대해서도 하나님이 비슷하게 신경을 쓰셨음이 틀림없다는 것이다.

③ 요한복음 10:33에 의하면, 유대인들은 예수께서 자신을 하나님이라 칭한 것에 대하여 몹시 격분하여 힐책하였는데, 이러한 힐책에 대하여 대답하면서 예수는 사사들을 신들이라 칭하고 있는 시편 82:6 등과 같은 성경의 말씀을 근거로 제시하시고, 이와 아울러 성경은 폐하여질 수 없고 이의를 제기할 수 없는 권위를 지니고 있다는 사실을 지적하신다. 이 때에 예수는 성경에 나오는 한 단어를 근거로 자신의 주장을 펼쳐나가고 계신 것으로 보아서, 거기에는 성경의 모든 단어들은 신적인 권위를 지닌다는 뜻이 함축되어 있다.

④ 갈라디아서 3:16에서 바울은 성경에 나오는 한 단어가 복수형이 아니라 단수형으로 사용되고 있는 것을 근거로 자신의 모든 주장을 제시한다. 사도의 이러한 주장은, 그가 근거로 든 히브리어 단어는 자손이라는 의미로 사용될 때에 복수형으로 사용되지 않는다는 것을 근거로 공격을 받아 왔다. 창 13:15을 참조하라. 그러나 그렇다고 해도 바울의 주장이 지닌 타당성은 폐하여지지 않는다. 왜냐하면, 창세기 기자는 그 구절에서 얼마든지 복수형으로 된 다른 단어나 표현을 사용할 수 있었음에도 불구하고 단수형으로 된 그 단어를 사용한 것이기 때문이다. 그 구절이 단수형으로 되어 있든 복수형으로 되어 있든, 그 구절은 어쨌든 바울이 성경

의 개개 단어들이 하나님의 감동으로 되었다는 것을 믿었음을 여전히 증명해 준다.

2. 성경 저작에 있어서 신적 요소와 인간적 요소의 관계

앞서의 논의를 통해서 두 가지 요소, 즉 신적 요소와 인간적 요소가 성경의 형성에 있어서 작용하였다는 것이 아주 분명해졌다. 이제 성경의 각 책들의 저작에 있어서 이 두 요소가 어떻게 서로 관련되어 있었가라는 질문이 생겨난다. 이 질문을 좀 더 구체적인 형태로 표현해 보자: 성경의 기자(記者)인 인물들은 단지 하나님의 손에 들린 펜으로서의 역할만을 하였던 것인가? 그들은 하나님께서 구술하신 내용을 글로 기록한 단순한 필사자였던 것인가? 하나님의 성령이 그들에게 임하여 하나님이 원하시는 것을 기록하라고 그들에게 지시하였을 때에 그들 자신의 인격과 개성은 억눌러졌던 것인가? 그들이 성령의 감동을 받았을 때에 그들의 기억력과 상상력, 이해력과 판단력, 욕구들과 의지는 무력화된 것인가? 성경에 나오는 자료들에 비추어 보면, 이 모든 질문들에 대한 대답은 오직 한 가지만 존재한다.

(1) 성경을 쓴 인간 저자들은 단순한 기계가 아니었고 필사자는 더더욱 아니었다. 성령은 그들의 자유를 박탈하지 않았고, 그들의 개성을 파괴하지도 않았다. 다음과 같은 증거들은 이 점을 결정적으로 보여주는 것으로 보인다.

a. 많은 경우들에 있어서 저자들은 그들이 쓰고자 한 것을 미리 조사하고 살펴보았다. 누가는 그의 복음서의 서두에서 그가 그렇게 하였다는 것을 우리에게 분명하게 밝히고 있고, 열왕기와 역대기의 저자들은 그들이 사용했던 자료들을 반복적으로 언급한다.

b. 모세가 신명기의 첫 장과 끝 장에서 그랬고, 누가가 사도행전의 후반부에서 그랬듯이, 성경의 기자들은 종종 그들 자신의 경험들을 표현하였다. 시편 기자들은 그들 자신이 지은 개인적인 죄와 그들 자신이 받은 죄사함의 은혜, 그들을 둘러싼 위험들과 그들의 놀라운 구원 체험들에 대하여

노래하였다.

c. 성경의 많은 책들은 상황대응적인 성격을 지니고 있다. 그들은 외적인 상황에 자극을 받아서 성경의 책들을 썼고, 그 책들의 성격은 최초의 독자들의 도덕적 상태와 종교적 상태에 의해서 결정되었다. 신약에서 이것은 특히 바울과 베드로의 서신들, 유다서에 적용되고, 정도가 약하기는 하지만 다른 저작들에도 적용된다.

d. 성경의 여러 책들은 문체에 있어서 두드러지게 차이를 보이는 것이 그 특징이다. 시편과 예언서들은 고상한 운문(韻文)으로 되어 있지만, 역사서들은 평범한 산문으로 되어 있다. 이사야서는 순수한 히브리어로 되어 있지만, 다니엘서는 아람어의 영향을 받은 히브리어로 되어 있다. 바울은 변증적인 문체를 사용하고 있지만, 요한의 문체는 단순하다.

(2) 그러므로 성령이 성경의 기자들을 그들의 인격이나 개성을 억누름이 없이 있는 그대로, 즉 하나님께서 그들을 성경의 기자로 준비시킨 대로, 각각 특유의 특질, 성격과 기질, 달란트와 교육 정도 등을 지닌 자들로 사용하였다는 것은 너무도 명백하다. 하지만, 한 가지 중요한 제한이 존재하였는데, 그것은 성령이 그들의 죄악된 본성이 표출되는 것을 허용하지는 않았다는 것이다.

앞서 말한 모든 것을 통해서, 성경은 신적 측면과 인간적 측면을 둘 다 지니고 있다는 결론이 나온다. 이것은 성경 속에는 신적 요소와 인간적 요소가 나란히 병존한다고 말하는 것이 결코 아니다. 우리가 성경을 세분하여 그 여러 부분들을 어떤 것은 신적인 것으로, 어떤 것은 인간적인 것으로 돌리는 것은 정당화될 수 없다. 성경은 그 모든 부분에 있어서 내용과 형식 양쪽 모두에서 가장 미세한 부분에 이르기까지 하나님으로부터 온 책이다. 아울러, 성경은 처음부터 끝까지 인간을 도구로 사용하여 기록된 책이기 때문에 성경의 무오성(無誤性)과 부합하는 인간적 저작의 모든 흔적들을 지니고 있다. 우리는 몇몇 유비(類比)들을 통해서 영감의 과정이 어떻게 이루어졌을지 그 가능성을 가늠해 볼 수는 있지만 그 과정을 온전히 이해할 수는 없다. 영감의 과정은 온전히 설명될 수 없는 신비이기 때문에 믿음으로 받아들여져야 한다.

3. 축자 영감설에 대한 반론들

축자 영감설 또는 완전 영감설에 반대하는 많은 반론들이 제기되어 왔다. 우리는 그러한 반론들을 결코 무시하지 말고 반드시 깊이 살펴볼 필요가 있다. 그 반론들 중 일부, 특히 본문상의 오류들, 외관상의 불일치들, 부정확하고 잘못 적용된 것으로 보이는 인용문들, 이중적인 주장들, 중복된 표현들 같은 이른바 성경 현상들에 토대를 둔 반론들은 겉보기에 상당한 설득력을 지니고 있는 것처럼 보인다. 이러한 반론들은 영감설이 진정으로 과학적인 것이 되려면 앞에서 말한 것 같은 성경의 모든 현상들에 대한 귀납적인 연구에 토대를 두지 않으면 안 된다는 것을 당연한 것으로 전제한다. 그러나 이것은 성경이 하나님의 감동으로 된 것이라는 성경 자체의 명백한 가르침들을 받아들이는 대신에 성경이 어느 정도나 영감된 것인지를 그들이 알아들을 수 있도록 입증해 보라고 요구하고 있는 것임을 의미하기 때문에, 기본적으로 합리주의적인 접근방식이다. 우리는 다른 모든 점에 있어서와 마찬가지로 이 점에 있어서도 성경의 가르침을 최종적인 것으로 받아들이고, 그런 후에 성경의 여러 현상들을 성경의 영감설에 조화시킬 길을 찾아야 한다. 만약 이 일이 현재에 있서는 불가능해 보인다면, 우리는 앞으로 그것이 밝혀지기를 인내로 기다림으로써 우리의 믿음을 나타내 보여야 한다. 우리는 항상 워필드(Wafield) 박사의 다음과 같은 말을 기억하여야 한다: "어떤 명제를 확고하게 정립시켜 주는 적절한 증거가 반박되지 않은 채로 존속하는 한 그 명제에 반대하여 제기된 모든 반론들은 그 명제의 진리성에 대한 반론이라는 범주가 아니라 그 명제와 조화되기 어려운 것들이라는 범주로 분류되어야 한다는 것은 확고한 원칙이다."

(1) 하지만, 명심해야 할 것이 한 가지 있다. 성경이 모든 세부적인 내용에

서 무오하게 영감되었다는 단언은 오직 자필 원고에만 적용되는 것이고, 우리가 현재 소유하고 있는 성경의 사본들이나 판본들, 역본들에는 동일한 정도로 적용되지 않는다. 성경의 원본들은 하나님의 인도하심 아래에서 씌어졌기 때문에 절대적으로 무오하였다. 그러나 하나님이 지속적인 이적을 통해서 이 거룩한 본문을 필사자들의 오류로부터 지켜내셨다는 주장은 성립되지 않는다. 사본들을 비교해 보면 그러한 오류들이 존재한다는 것이 분명하게 드러난다. 오늘날 어떤 이들은 이것을 토대로 성경이 영감되었다는 것은 결국 별 의미가 없고 우리가 소유하고 있는 성경의 무오성을 보장해 주지도 않는다고 추론한다. 그러나 우리는 방금 언급한 사실들로부터 도출되는 유일한 결론은 현재의 성경 속에 존재하는 필사의 오류들은 하나님의 말씀에서 제외된다는 것임을 기억하여야 한다.

하지만, 비교적 극소수이고 비교적 중요치 않은 오류들을 제외하고 우리는 축자적으로 영감된 하나님의 말씀을 소유하고 있다는 사실 — 이것은 아주 중요하다 — 은 여전히 남는다. 이것이 무엇을 의미하는지는 성경 본문을 전문적으로 연구해 온 모우지즈 스튜어트(Moses Stuart)와 가벳(Garbett)의 말에서 가장 잘 추론될 수 있다(Patton의 글에서 재인용).

전자는 이렇게 말한다: "성경에서 수집된 대략 8만 개의 이독(異讀)들 중에서 79,500여개의 이독은 헬라어/히브리 성경의 의미에 영향을 미치는 정도가 영어 정서법에 있어서 영단어 honour를 u를 넣어서 철자할 것인지 u를 빼고 철자할 것인지의 수준에 머무는 것들이다. 그 나머지 중 일부는 특정한 구절이나 표현의 의미가 바뀌거나 특정한 단어 또는 어구가 빠져 있는 것들이다. 그러나 이러한 이독들 전체를 다 합쳐 놓는다고 해도, 신앙에 관한 가르침이나 계명은 단 하나도 바뀌거나 제거되지 않으며, 단 하나의 중요한 사실도 변경되지 않는다."

후자는 이렇게 말한다: "이러한 이독들의 영향을 받는 모든 단어는 원래의 자필 원고와 동일하지 않다는 것이 분명하기 때문에 이 단어들을 확실하게 영감되지 않은 것들이 아니라 영감되었는지가 불확실한 것들로 여겨서 제외한다고 해도, 나머지 다른 모든 단어들에 대한 축자적 영감설은 충분히 인정될 수 있다. 왜냐하면, 이독에 의해서 의심의 그림자가 드리워지지 않은 이 영감된 부분은 너무도 완벽하게 신앙의 모든 것을 표현하고 있는 온갖 단어들을 포함하고 있어서, 이 나머지 부분에 대해 영감을 부정하는 것은 단순한 반대를 넘어서서 터무니없는 일이기까지 하기 때문이다”(Patton, *Inspiration of the Scriptures*, p. 113f.).

패튼(Patton) 박사는 이렇게 말한다: “무오한 자필 원고는 성실한 필사자들에 의해서 지속적으로 보존되어 왔고, 단지 필사자들의 실수로 인해서 일부 중요치 않은 세세한 부분에서 바뀌었을 뿐이다”(p. 115).

(2) 끝으로, 석의 작업을 함에 있어서 성경의 축자 영감을 선험적으로 전제하는 것을 단호하게 반대하는 석의자들이 많다. 임머(Immer)는 “석의 결과에 어떤 식으로든 영향을 미칠 수 있는 그 어떤 전제도 용납될 수 없다”는 원칙을 제시한다. 그는 “성경의 권위와 영감에 대한 무조건적인 믿음이 바로 그런 전제이다”라고 주장한다(Herm., pp. 92–93). 그러나,

a. 그는 나중에 그 어떤 해석자도 모든 전제를 다 버릴 수는 없다는 것을 스스로 지적한다. 그는 자기 자신은 예외라고 생각하는 듯하지만, 그것은 있을 수 없는 일이다. 그는 그의 내면 속에 있는 깊은 확신들을 버릴 수 없고, 그가 이해하고자 하는 성경 저자에 대하여 아무런 감정도 없는 중립적인 태도를 지닐 수 없다. 개혁 신학자는 성경이 하나님의 무오한 말씀이라는 견고한 확신을 벗어던질 수 없다. 이러한 확신은 단순히 사고의 문제가 아니라 마음의 문제이다.

b. 성경이 하나님의 영감된 말씀이기 때문에 신적인 권위를 지닌다는 전제는 우리에게 성경의 모든 부분이 참되고 성경은 자기모순적일 수 없다는 확신을 주긴 하지만 특정한 구절에 대한 우리의 석의를 이런저런 식으로 결정해 버리지는 않고, 우리에게 커다란 운신(運身)의 폭과 선택의 자유를 남겨 놓는다.

c. 석의 작업에 있어서 영감설의 전제에 대하여 거북스러워하는 태도를 지

닌 자들은 그들의 해석의 결과들을 영감설이 허용하는 것보다 훨씬 더 멀리 나가게 만들어 버리는 그런 전제들에 의해서 지배되고 있다는 것은 주목할 만한 사실이다. 오늘날 이러한 전제들 중의 하나, 성경 해석에 있어서 많은 해악을 끼치고 수많은 성경 구절들을 왜곡시키는 하나의 전제는 이스라엘 종교에 진화론적 발전을 적용한 학설이다.

질문들

계시의 기관들은 오직 성경의 책들을 쓸 때에만 영감된 것인가, 아니면 구두를 통한 그들의 가르침에서도 영감된 것인가? 선지자들에 대한 영감은 사도들에 대한 영감과 어떻게 달랐는가? 시각 영감설(Kuyper) 또는 필사 영감설(Cave)에는 어떤 요소들이 포함되어 있는가? 성경 기자들에 대한 영감은 그들의 글들에 대한 영감과 어떻게 다른가? 셰익스피어의 영감과 다윗의 영감은 어떤 차이가 있는가? 영감이 단어 하나하나까지 미치는 것은 꼭 필요한 것이었는가? 이러한 영감설에 대하여 어떤 반론들이 제기되고 있는가?

B. 성경의 통일성과 다양성

1. 성경의 여러 책들은 하나의 유기적 통일체를 구성한다

"유기적"이라는 말이 여기에서 강조되어야 한다. 이 통일체는 시계의 부품들처럼 서로 결합시키기 위하여 준비되었다가 마침내 한 권의 책으로 모아진 여러 다른 부분들로 이루어진 단순히 기계적인 통일체가 아니다. 성경은 건축자가 마련한 설계도와 시방서에 따라서 지어진 대성당이 아니라 점진적인 성장의 산물인 웅장한 나무에 비유될 수 있다. 성경은 단번에 만들어진 것이 아니라 성장해 왔고, 성경을 구성하는 여러 책들은 성경의 점진적인 발전의 여러 단계들을 보여준다. 궁극적으로, 성경은 단일한 마음의 산물이고 열매를 맺는 단일한 원리의 구현(具現)으로서 그 단일한 마음 또는 원리가 여러 방향으로 뻗어나가서 이루어진 것이다. 성경을 구성하는 서로 다른 여러 부분들은 서로 의존되어 있고, 모두 합쳐져서 전체적인 하나의 유기체에 기여한다. 성경은 스스로 여러 가지 방식으로 자신의 통일성을 증언한다. 특히, 다음과 같은 것들을 주목하라.

⑴ 성경이 영감으로 되었다는 것을 증명하기 위해서 인용된 구절들, 그러한 구절들에 더해질 수 있는 그 밖의 많은 구절들은 성경이 한 분의 주저자(主著者)를 가지고 있다는 사실을 보여준다. 성경은 그 모든 부분에서 성령의 산물이다.

⑵ 성경의 내용들은 그 다양성에도 불구하고 놀라운 통일성을 보여준다. 성경의 모든 책들은 예수 그리스도 안에서 하나로 묶여진다. 이 책들은 다 구속 사역 및 하나님 나라가 이 땅에 세워지는 것과 관련되어 있다. 또한, 이 책들은 모두 교리적인 가르침과 삶에 대한 실제적인 태도에 있어서 일치한다. 1,600년의 세월에 걸쳐서 점진적으로 존재하게 된 성경 66권의 책이 그러한 주목할 만한 통일성을 보여준다는 것은 유사(有史) 이래 경이로운 일들 중의 하나였다.

⑶ 하나님의 계시가 점진적으로 발전해 왔다는 것은 성경의 통일성을 보여주는 실질적인 증거이기도 하다. 이 점은 성경 신학 또는 계시의 역사(Historia Revelationis)에 대한 연구를 통해서 점점 더 분명해지고 있다. 성경은 하나님의 하나의 사상, 즉 죄인들의 구속을 위한 예수 그리스도 안에서의 하나님의 은혜라는 사상이 여러 갈래로 발전되어 왔음을 보여준다. 성경은 하나님의 약속들이 싹을 틔워서 점차 아름다운 꽃으로 활짝 만개해 가는 것을 우리에게 보여준다. 장차 오실 그리스도께서 그의 그림자들을 보여주시다가 마침내 때가 되어 몸소 나타나신다.

⑷ 성경의 여러 책들에서 가져와서 하나의 구절로 재구성한 인용문들도 성경의 통일성을 보여준다. 신약의 기자들은 종종 구약의 몇몇 책들에 나오는 구절들을 인용하여 어떤 특정한 진리를 예시하거나 밑받침함으로써, 그 책들이 동일하게 신적인 권위를 지니고 있다는 그들의 확신을 드러낸

다. 우리는 그 한 예를 로마서 3:10-18에서 발견하는데, 거기에서 바울은 전 7:20; 시 14:2-3; 5:10; 140:4; 10:7; 사 59:7,8; 시 36:2을 인용한다. 또 다른 예들로는 히 1:5-13; 2:6-8, 12-13을 참조하라. 첫 번째 인용문과 관련해서 터피(Turpie)는 이렇게 말한다: "그러므로 몇 개의 구절들로 이루어진 이 인용문은 재구성한 인용문의 한 예를 우리에게 보여준다. 이 인용문은 그 앞에 '기록된 바' 라는 어구를 붙임으로써 이 인용문의 재료가 된 서로 다른 책들 — 즉, 시편, 전도서, 이사야 — 이 동일하게 성경이고, 동일한 반열에 있다는 것을 우리에게 알게 해준다. 만약 각각의 책들에 속한 구절들이 서로 다른 가치를 지닌다면, 바울이 그 모든 구절들을 한데 모아서 사용할 이유가 어디 있겠는가?" (*The New Testament View of the Old*, p. 33).

(5) 좀 더 간접적으로는, 성경의 통일성은 신약의 저자들이 구약을 인용하면서 이따금 인용하는 구절들을 약간 변경하거나 구약의 원래 문맥에서는 분명하게 나타나지 않는 의미로 적용한다는 중요한 사실에 의해서 증명된다. 이것은 성경 전체의 저자는 궁극적으로 성령이기 때문에 당연히 성령은 적합하다고 생각되는 대로 자신의 말씀들을 인용하고 적용할 권리를 갖고 있었다고 전제하지 않는다면 제대로 설명될 수 없다.

2. 이러한 통일성과 아울러서 성경은 극도의 다양성도 보여준다

성경을 해석할 때에 반드시 명심하여야 할 몇 가지 구별이 있다.

(1) **구약과 신약의 구별.** 이 둘은 다음과 같은 세부적인 점들에서 서로 다르다.

a. **내용과 관련해서.** 구약은 약속을 담고 있고, 신약은 성취를 담고 있다. 구약은 그리스도께서 오실 것을 가리키는 가운데 그리스도를 향하여 나아간다. 신약은 그리스도를 출발점으로 삼아서, 세상 죄를 속한 그리스도의 완성된 제사를 회고한다. 구약은 싹이고, 신약은 꽃이다. 또는, 아우구스티누스(Augustine)의 표현을 빌리면, "신약은 구약 속에 감춰져 있

고, 구약은 신약을 통해 드러난다."

b. **양식과 관련해서.** 구약은 예언적인 반면에, 신약은 사도적이다. 구약에서 아주 두드러지는 상징적 요소가 신약에서는 최소한으로 줄어든다. 또한, 신적인 요소는 신약에서보다 구약에서 훨씬 더 두드러진다. 구약의 많은 책들의 인간 저자들은 알려져 있지 않고, 예언서들에서는 흔히 진정한 저자이신 하나님 속에 매몰되어 있으며, 성령은 밖으로부터 그들에게 역사한다. 반면에, 신약에서 성령은 교회에 거하고, 안으로부터 사도들에게 역사하며, 신적인 요소는 시야에서 많이 사라진다.

c. **언어와 관련해서.** 구약은 다니엘서의 몇몇 부분들과 예레미야서, 에스라서의 몇 구절을 제외하고 히브리어로 기록되어 있지만, 신약은 헬레니즘적 헬라어로 기록되어 있다.

(2) **성경의 여러 책들 간의 구별.** 성령이 성경을 쓰게 하실 때에 독특한 개성, 선천적인 달란트들, 습득한 지식이 각각 다른 선지자들과 사도들을 유기적인 방식으로 사용하였기 때문에, 성경이 큰 다양성을 지니게 되었다는 것은 당연한 일이다. 각각의 저자는 자기가 쓴 책에 독특한 족적을 남겼다. 각각의 저자는 자신의 사상들을 독특한 방식으로 발전시켰고, 기회가 있을 때마다 그것들을 독특한 문체로 제시하고 표현하였다. 예를 들면, 이사야와 예레미야, 바울과 요한 간에는 큰 차이가 존재한다. 그들은 동일한 어휘를 사용하지 않았고, 동일한 문체로 글을 쓰지도 않았다. 그들이 쓴 책들은 동일한 역사적 배경을 지니고 있지도 않고, 진리를 동일한 관점에서 제시하지도 않는다. 성경의 각각의 책은 나름대로의 개성을 지니고 있다.

(3) **하나님의 기본적인 계시 양식들 간의 구별.**

a. 하나님은 그의 계시를 부분적으로는 **역사적 서사(敍事)**의 양식으로 나타내셨다. 성경 속에서 얘기된 역사적 사실도 하나님의 계시의 본질적인 부분을 형성하고 있고, 또한 그런 것으로 여겨서 해석되어야 한다는 것을 명심하는 것은 대단히 중요하다.

b. 또한, 하나님은 그의 뜻을 부분적으로는 교훈적인 글 또는 강화(講話)를 통해서 알게 하셨다. 구약에서 우리는 이러한 것들을 특히 율법서와 지혜서에서 찾아볼 수 있고, 신약에서는 구주의 비유와 강화들, 서신서들에서 찾아볼 수 있다.

c. 또한, 하나님은 그의 모략의 신비들에 대한 통찰을 예언을 통해서도 우리에게 주셨다. 예언은 과거에 있어서의 하나님의 길들을 해석하고, 현재에 있어서의 하나님의 뜻을 계시하며, 하나님의 백성을 위로하기 위하여 장래의 밝은 전망들을 열어 보여준다.

d. 끝으로, 하나님은 시가(詩歌)를 통해서도 자신을 계시하셨는데, 우리는 시가 속에서 웅장한 오케스트라가 연주하는 것 같은 선율을 듣는다. 스튜어트 로빈슨(Stuart Robinson) 박사는 이렇게 아름답게 말한다: "하나님의 마음에 의해서 울려진 현(絃)들이 만들어내는 음이 선율을 이끌어가고, 인간의 영혼에 의해서 울려진 모든 현들에서 나오는 음들이 합창으로 화답한다."

질문들

성경은 계획된 책인가? 만약 그렇다면, 어떤 의미에서 그러한가? 성경이 기계적 통일체가 아니라 유기적 통일체인 이유는 무엇인가? 구약과 신약을 잇는 연결고리들로는 어떤 것들이 있는가? 오늘날 성경의 통일성보다는 다양성이 강조되고 있는 이유는 무엇인가? 성경 해석이 무엇보다도 성경이 하나의 통일체라는 전제 위에서 진행되어야 하는 이유는 무엇인가? 또한, 성경 해석이 반드시 성경의 다양성도 고려하지 않으면 안 되는 이유는 무엇인가?

C. 성경의 의미의 단일성

성경은 오직 하나의 의미만을 지니기 때문에 과학적이고 논리적인 탐구가 가능하다는 것을 처음부터 이해하고 들어가는 것은 대단히 중요하다. 우리는 역사 속에서 나타나서 오늘날에 이르기까지 일부 진영들에서 여전히 이어지고 있는 경향성, 즉 그 어떤 해석학도 불가능하게 만들어서 온갖 종류의 자의적인 해석을 위한 문을 활짝 열어 놓는 경향성에 반대하여 이 근본적인 원리를 단호하게 전면에 내세우지 않으면 안 된다. 성경이 다중적인 의미를 지니고 있다는 잘못된 생각은 대체로 성경에서 사용된 비유적인 언어, 신비스럽고 이해하기 어려운 요소들, 상징적인 사실들과 의식(儀式)들과 행위들, 이중삼중으로 성취되는 예언들, 장차 있게 될 실체들에 대한 모형들 같은 성경의 몇몇 중요한 특징들에 대한 오해에서 비롯되었다.

1. 이 원리의 근거들

우리는 성경에 나오는 개별적인 단어들이 아무리 많은 의미들을 지닐 수 있다고 할지라도 성경은 오직 하나의 적절한 의미만을 지닌다는 것을 견고히 붙잡아야 한다. 이것은 다음과 같은 것들에 대한 고찰로부터 필연적으로 도출되는 결론이다.

(1) **하나님의 진실성.** 의심할 여지 없이 진실한 사람은 애매모호하지 않은 언어로 자신의 마음을 표현하는 것이 몸에 배어 있다는 것은 인간 사회에서 하나의 정설(定說)에 속한다. 인간의 양심은 예수회의 수도사들(the Jesuits)이 사용하곤 했던 애매모호한 표현들을 결코 좋게 보지 않았다. 진실한 사람이 의도적으로 모호한 언어의 사용에 의지하고자 하지 않는데, 하물며 절대적인 진리이신 하나님이 사람들을 오도할 수 있는 계시를 우리에게 주실 리가 만무하다.

(2) **하나님의 계시의 목적.** 하나님이 그의 뜻과 구원의 길을 사람들에게

계시하시는 것은 죄인들을 구속하심으로써 자신을 영화롭게 하시기 위한 것이다. 하나님은 은혜롭고 영광스러운 목적을 마음 속에 지니고 계신다. 이 점에 비추어 볼 때, 하나님이 인간에게 애매모호한 계시를 주셨을 것이라고 생각하는 것은 도저히 상상할 수 없는 일이다. 왜냐하면, 하나님이 그렇게 하셨다면, 그것은 하나님이 실현하고자 하시는 바로 그 목적을 스스로 좌절시키는 꼴이 되고 말기 때문이다.

(3) **인간의 마음 속에 주어지는 말씀(Logos)의 계시와 자연이나 성경 속에서의 하나님의 계시 간의 필연적인 일치성.** 모든 지식을 가능하게 만드는 것은 바로 전자를 후자에 적용하는 것을 통해서이다. 인간이 이해하도록 하기 위해서는 모든 계시는 논리 또는 이치(理致)를 갖추어야 한다. 하나님이 자연 속에서는 이치에 맞는 방식으로 자신을 계시하셨지만 하나님의 가장 완전한 계시를 구성한다고 할 수 있는 성경 속에서는 그렇게 하지 않으셨을 것이라고 생각하는 것은 앞뒤가 맞지 않는 생각의 극치일 것이고, 성경의 진리는 이치를 갖춘 방법론들을 따라서 탐구될 수 없고, 지적으로 이해될 수 없다고 말하는 것을 의미할 것이다.

(4) **성경을 기록할 때에 사용된 인간 언어의 특성.** 인간의 마음이나 지성의 논리 또는 이치는 당연히 인간에 의해서 사용되는 언어 속에 반영되어 있다. 그리고 어느 한 단어가 동일한 맥락 속에서 둘 또는 셋, 심지어 그 이상의 의미를 지니고 있다고 생각하는 것은 이러한 언어의 특성과 절대적으로 맞지 않는다. 만약 그렇게 생각하는 것이 맞다면, 사람들 사이에서의 모든 의사소통은 완전히 불가능해질 것이다.

2. 이 원리를 오해하는 것을 막아주는 안전장치들

우리는 성경이 오직 하나의 적합한 의미만을 지닌다는 대원리를 항상 염두에 두어야 하지만, 다른 한편으로는 이 원리에 대한 몇 가지 오해를 경계하여야 한다.

(1) **성경의 어느 구절의 실제 의미와 여러 해석자들이 그 구절에 붙인 의미는**

반드시 구별되어야 한다. 한 구절에 대하여 이런저런 많은 해석들이 붙여질 수 있다는 사실은 성경의 의미가 단일하다는 것을 부정하는 근거가 되지 못한다.

(2) 어느 구절의 원래의 의미와 그 구절이 적용될 수 있는 여러 가지 서로 다른 방식들을 구별하여야 한다는 것도 명심하여야 한다. 한 본문이라도 상황에 따라 경고나 권면, 격려나 책망 등 실제로는 여러 가지로 사용될 수 있다.

(3) 또한, 문자적 의미와 신비적 의미를 구분하고, 이 둘이 합쳐져서 두 가지 의미가 아니라 오직 하나의 의미만을 구성한다는 것을 아는 것도 대단히 중요하다. 성경의 몇몇 구절들은 문자적 의미 외에도 상징적 또는 모형적 의미를 지닌다. 어느 구절에서 언급하고 있는 것들이 다른 것들에 대한 상징이나 모형일 수 있다. 그러한 모든 경우에 있어서 신비적 의미는 문자적 의미에 토대를 둔 것으로서 하나님의 말씀의 원래의 의미를 구성한다.

(4) 끝으로, 예언의 이중적 성취와 이중적 의미는 주의 깊게 구별되어야 한다. 어떤 예언들은 그 후에 이어지는 몇 가지 사실들 또는 사건들 속에서 중복적으로 성취된다. 그러한 경우들에서 이전에 성취된 것들은 장차 성취될 것들의 모형으로서 그 일부가 성취된 것이다. 그러한 예언들의 의미는 오직 최후의 완전한 성취를 통해서 온전히 밝혀진다. 예언이 이러한 특징을 가졌다고 해서, 우리는 예언이 이중적 의미를 지니고 있다고 말해서는 안 된다.

성경의 좀 더 깊은 의미('휘포노이아')를 얘기하는 것이 허용될 수 있느냐는 질문이 제기된다면, 우리는 거기에 대하여 긍정으로 대답할 수 있을 것이다. 그러나 오해를 경계할 필요가 있다. 제대로 이해하기만 한다면, 성경의 좀 더 깊은 의미는 두 번째 의미를 구성하지 않는다. 모든 경우에서 그것은 문자적 의미에 토대를 둔 것으로서 성경의 원래의 의미이다. 성경의 진정한 의미는 언제나 표면에 있는 것은 아니다. 문법적-역사적 방법론에 의해서 결정된 이차적인 저자들의 의도가 언제나 성경의 의미를 다 나타내고, 성령의 의미를 온전히 드러내 준다는 단언은 참이 아니다. 구약의 많은 모형들(types)은 궁극적으로 신약의 실체들(realities)을 가리킨다. 많은 예언들은 과거에 부분적으로 아무리 많이 성취되었다고 하더라도 예수 그리스도 안에서 최종적으로 성취되었다. 많은 시편들은 단지 시편 기자들만이 아니라 하나님의 백성 전체, 몇몇 경우들에 있어서는 고난받고 승리하신 메시야의 기쁨과 슬픔을 표출한다. 이러한 고찰들은 우리가 성경의 좀 더 깊은 의미라고 부를 수 있는 것으로 우리를 인도한다.

질문들

성경의 비유적 표현과 관련해서 이중적 또는 삼중적 의미에 관한 이론이 어떻게 생겨날 수 있었는가? 모형들이나 상징들과 관련해서는? 예언과 관련해서는? 해석자들은 이중적 의미라는 개념을 종종 어떤 식으로 조장하는가? 우리가 경계해야 할 이른바 "좀 더 깊은 의미"는 무엇을 가리키는가?

D. 성경의 문체: 일반적인 특징들

여기에서는 성경의 문체를 단지 매우 일반적인 방식으로, 그것도 문학적인 관점이 아니라 석의적인 관점에서 살펴보고자 한다. 또한, 성경에 대한 해석에 영향을 미치는 일반적인 특징들로서 어느 정도 독특한 것들만이 여기에서 검토될 것이다.

1. 성경의 평이한 문체

학자들은 신앙을 지녔든 그렇지 않든 두 부류 다 흔히 성경이 평이하다는 점을 지적하였다. 성경에서는 가장 고상한 주제들이 심오하면서도 평이한 방식으로 다루어지고 있는데, 이것은 진리에 대한 직접적이고 온전한 통찰의 결과이다. 문체의 평이성은 히브리어의 특성이고, 일정 정도는 신약의 헬라어의 특성이기도 하다. 다음과 같은 것들을 주목하라.

(1) 히브리어의 거의 모든 어근은 세 개의 자음으로 구성되어 있다. 시제는 완료와 미완료 두 가지뿐이고, 문법적인 성(性)도 남성과 여성 두 가지 뿐이다. 복합동사들과 복합명사들은 극소수이고, 거의 모든 문장은 등위절로 되어 있다.

(2) 문장들을 연결할 때에는 의미를 제대로 파악하려면 좀 더 세분된 접속사가 요구되는 경우에도 많은 경우들에 있어서 단순한 계사(繫辭)인 '와우' (영어의 and)가 사용된다. 그런 까닭에 이 불변사는 그 자체로는 단지 일반적인 연결사일 뿐이지만 몇몇 세부적으로 구별되는 문장 관계를 가리킬 수 있다. '와우' 는 **보충설명**(암 3:11; 4:10), **역접**("그렇지만," 삿 16:15; 시 28:3), **추론**("그러므로," 겔 8:18), **원인**("왜냐하면," 시 5:12), **목적**("-하기 위하여," 주로 청유법이나 지시법과 함께)의 용법으로 사용될 수 있다. 신약에서 '카이' 는 흔히 '와우' 와 아주 흡사한 방식으로 사용된다.

(3) 두 단어가 접속사에 의해서 연결되어 수식어가 붙은 한 단어와 동일한 개념을 표현하는 **이사일어**(hendiady)가 자주 등장한다: 예를 들면, "그것들로 징조와 계절과 날과 해를 이루게 하라"(창 1:14); "이스라엘 가운데 어머니 같은 성"(삼하 20:19); "죽은 자의 소망 곧 부활로 말미암아 내가 심문을 받노라"(행 23:6).

(4) 간접화법이 예상되는 곳에서 흔히 직접화법이 사용된다. 그 예들은 다음과 같은 대목들에서 찾아볼 수 있다: 삼하 13:32; 사 3:6; 렘 3:16; 시 2:3; 마 1:20, 23; 2:3, 5. (신약의 헬라어의 평이성을 보여주는 것들에 대해서는 아래 항목5를 참조하라).

2. 성경의 생생한 문체

동방 사람들은 일반적으로 매우 생생한 표현을 사용하는데, 성경의 저자들은 이 점에 있어서 그들의 특성을 거스르지 않았다. 그들은 그들에 의해서 매개된 하나님의 계시에 몇 가지 방식으로 그들의 색채를 더하였다.

(1) 그들은 추상적인 진리들을 구체적인 형태들로 표현하는 확고한 경향을 보여준다. 정신적인 특성들은 흔히 그것들을 상징하는 몸의 여러 기관들을 내세워서 묘사된다. 따라서 하나님의 힘과 진노는 각각 하나님의 팔과 코라는 이미지를 통해서 표현되고, 하나님이 긍휼을 베푸시거나 노하셨다는 것은 하나님이 그 얼굴을 드신다거나 감추신다는 식으로 표현된다. 시 89:13; 18:8; 4:6; 44:24을 참조하라. 또한, 죄는 종종 죄인으로 의인화되어서 표현되고 있는 것일 가능성이 높다.

(2) 그들은 주변의 자연이 생명으로 가득 차 있는 것으로 보고, 이에 따라서 자연을 거듭거듭 의인화한다. 모든 무생물들은 남성이나 여성으로 묘사되고, 어떤 것의 성은 그것이 드러내는 특질들에 따라 정해진다. 피조세계 전체가 지성과 의지, 감정과 욕구를 지닌 것으로 묘사된다. 자연을 이렇게 살아 움직이는 것으로 묘사한 예들은 시 19:2-3; 96:12; 98:8; 사 55:12; 롬 8:19-22에서 찾아볼 수 있다.

(3) 성경의 사가(史家)들은 역사를 단지 서술하는 것이 아니라 생생하게 묘사한다. 그들은 역사상의 사실들을 독자들의 눈 앞에 파노라마처럼 펼쳐 보인다. 그래서 "보라!"는 단어가 자주 사용된다. 또한, 이야기를 서술할 때에 히브리어 완료로 시작해서 '와우 접속법'과 함께 미완료를 사용하여 이어가는 것도 이런 이유로 설명이 가능한 것 같다. 동방 사람들은 행위들을 과거에 완성된 것이 아니라 완성되어 가는 과정에 있는 것, 즉 현재에 있어서도 계속되고 있는 것으로 묘사하는 것을 선호하였다. 신약에서 이와 비슷한 것은 현재 시제를 광범위하게 사용하고 있는 것에서 찾아볼 수 있다.

(4) 또한, 몇몇 중첩적인 표현들도 성경의 생생한 문체에 일조한다. 예를 들면, "그가 입을 열어 말하였다," "그가 눈을 들어 보았다," "그녀가 목소

리를 높여 울었다," "네 귀를 기울여 들으라" 등이 그런 것들이다.

3. 비유적 언어의 광범위한 사용

이것은 영적이고 하늘에 속한 일들을 문자 그대로의 언어로 묘사할 수 없었다는 것, 동방 사람들은 조형적(造形的)이고 그림 같은 묘사를 선호하였다는 것, 표현의 다양성과 문학적 아름다움을 추구하고자 한 욕구 속에서 그 설명을 찾을 수 있다. 성경의 비유적 언어와 그 해석을 따로 살펴볼 필요가 있기 때문에, 이 문제는 잠시 접어두기로 하자.

4. 성경에 나오는 상당수의 시가와 일부 산문의 특징을 이루는 특이한 병행법.

"동일한 연(聯)에 속하는 두 개의 행(行) 또는 구(句)에서 전체적으로 내용과 내용, 단어와 단어가 서로 대응되는" 특이한 현상을 지칭하는 데에 **병행법**(parallelismus membrorum)이라는 용어를 최초로 사용한 인물은 로우스(Lowth) 주교였다. 이러한 병행법은 특히 시편을 비롯해서 성경에 나오는 그 밖의 시가서(詩歌書)들에서 발견되지만, 일부 산문에서도 발견된다. 로우스 주교는 세 종류의 병행법을 구분하였고, 엡(Jebb)은 거기에 네 번째의 병행법을 추가하였는데, 그것들은 다음과 같다.

(1) **동의 병행법**(synonymous parallelism). 이것은 동일한 사상이 서로 다른 단어들을 통해서 반복되는 것이다. 단순히 유사성이 존재하는 경우도 있고(시 24:2; 욥 6:5), 동일성이 존재하는 경우도 있다(잠 6:2; 시 93:3).

(2) **반의 병행법**(antithetic parallelism). 이것은 한 행이나 절의 후행구(後行句)가 선행구(先行句)와 반대되는 사상을 표현하고 있는 것이다. 이러한 병행법은 특히 잠언에 나온다. 여기에는 **단순 반의 병행법**(잠 14:34; 시 30:6) 또는 **복합 반의 병행법**(사 1:3, 19-20)이 있다.

(3) **종합 병행법**. 이것은 후행구가 선행구에 뭔가 새로운 내용을 첨가하

거나 선행구를 설명하는 것으로서 구성적(constructive) 또는 형용적(epithetic) 병행법으로도 불린다. 이 병행법은 제1행이 제3행과 대응되고 제2행이 제4행과 대응되는 **대응적 종합 병행법**(시 27:1; 35:26-27)이거나 관념들이 연속적으로 누적되어 종종 하나의 절정으로 귀결되는 **누적적 종합 병행법**(시 1:1; 사 55:6-7; 히 3:17)일 수 있다.

(4) **교차 병행법**. 이것은 선행구와 후행구가 서로 교차대구법적으로 배열되어 있는 역순으로 된 병행법으로 정의된다(잠 23:15-16; 10:4-5; 13:24).

5. 신약 언어의 특징들

끝으로, 신약의 언어는 몇몇 특징들을 지니고 있다. 이 언어는 고전 시대의 순수한 헬라어가 아니라, 흔히 '코이네' 또는 보통어라 불리는 헬레니즘 시대의 헬라어이다. 신약의 언어는 칠십인역에서 사용된 헬라어의 영향을 강하게 받았고, 칠십인역을 통해서 히브리어 또는 아람어의 영향도 강하게 받았다는 주장이 오랫동안 유지되어 왔었다. 그런데 이러한 입장이 옳으냐에 대해서 다이스만(Deissmann), 마울턴(Moulton), 밀리건(Milligan), 로벗슨(Robertson), 굿스피드(Goodspeed) 같은 학자들이 의문을 제기하였다. 그들의 영향력 아래에서 신약의 헬라어는 실제로 히브리적 표현들을 거의 포함하고 있지 않다는 주장이 한동안 득세하였다. 하지만, 오늘날 시계추는 다시 어느 정도 이전의 입장 쪽으로 기울고 있다. 토리(C. C. Torrey)와 그의 학파에 의한 연구 덕분에, 아람어가 신약의 '코이네'에 상당히 강력한 영향을 미쳤다는 것을 인정하였던 이전의 입장이 다시 한 번 추종자들을 얻어가고 있는 것이다. 이 문제는 아직 명확히 해결된 것이 아니기 때문에, 우리는 신약의 언어를 형성함에 있어서 여러 가지 요소들이 상대적으로 어떤 중요성을 지니고 있는지에 대해서 확신있게 말할 수 없다.

질문들

역사서의 문체는 예언서나 시가서의 문체와 어떻게 다른가? 마가의 문체와 누가의 문체 간에는 어떤 특징적인 차이들이 존재하는가? 요한의 문체는 왜 히브리적인 것으로 불리는가? 요한의 글들에는 어떤 특징적인 대비들이 나오는가? 바울 서신들에는 어떤 특징적인 대비들이 나오는가?

E. 해석자의 석의적 관점 – 해석자와 그의 연구대상 간의 관계

로마 가톨릭 교회와는 달리, 개혁 교회들은 모든 개개인에게는 스스로 하나님의 말씀을 연구하고 해석할 권리가 있다는 중요한 원리를 받아들였다. 또한, 그들이 교회는 가르치는 권세(potestas doctrinae)에 의거해서 하나님의 말씀을 보존하고 해석하며 수호하는 중요한 임무가 맡겨졌고, 성령에 의해서 이 막중한 임무를 담당할 수 있는 자격요건들을 부여받았다고 주장하였다는 것도 사실이다. 그러나 그들은 교회의 성경 해석이 그 자체로(per se) 무오한 것으로서 모든 사람들의 양심에 대하여 구속력이 있다는 사상을 거부하였다. 교회의 성경 해석은 오직 성경 전체의 가르침과 조화가 되는 한에서만 신적인 권위를 갖는다. 그리고 모든 개개인은 이 점에 대하여 스스로 판단하여야 한다. 개신교도들은 하나님이 교회를 그 정한 기관들을 통해서 하나님의 말씀을 해석하는 특별한 해석자로 세우셨다는 것을 부정하고, 모든 그리스도인들에게는 성경을 연구하고 해석할 대권(大權)이 주어져 있다고 주장한다.

그들은 이러한 주장의 근거로 다음과 같은 것들을 제시한다: (1) 신 13:1-3; 요 5:39(동사가 직설법이라면); 갈 1:8-9 같은 성경 구절들; (2) 하나님이 각 사람에게 자신의 믿음과 행실에 대하여 책임을 물으실 것이라는 사실; (3) 성경은 오로지, 또는 일차적으로 교회에서 직분을 맡은 자들에게 말씀하고 있는 것이 아니라 하나님의 교회를 구성하는 모든 사람들에게 말씀하고 있다는 사실.

또한, 이 원리는 자신의 연구대상에 대한 해석자의 태도가 완전히 자유로운 태도가 되어야 한다는 뜻을 함축하고 있다. 로마 가톨릭 교회는 (1) 교회의 성경 번역, (2) 전승, 특히 모든 교부들의 합의(consensus omnium patrum)의 형태로 된 전승, (3) 공의회들의 결정, (4) 교황의 무오한 공식 견해에 의해서 잇따라 이러한 자유를 제한하였다. 개신교도들은 현실적으로는 교의학이나 신조 표준들에 의거해서 성경을 해석하는 경향을 종종 보여주긴 하였지만 원칙적으로는 로마 가톨릭의 그러한 원칙을 결코 받아들이지 않았다. 모든 해석자는 신조라는 결정체로 구체화되어 있는 이전 세대들의 석의 작업의 산물들을 반드시 고려하여야 하고, 공동체의 견해(communis opinio)가 된 것으로부터 경솔하게 이탈해서는 안 된다는 것은 말할 필요도 없다. 그러나 모든 해석자는 석의의 결과물인 것을 석의의 표준(norm)으로 삼아서는 결코 안 된다. 해석자는 교회가 성경 해석의 문제를 주도하도록 허용해서는 안 되는데, 이것은 해석자가 일관되게 취하여야 할 정당한 입장이다.

그러나 해석자는 석의 작업을 할 때에 완전히 자유로워야 한다는 것은 사실이지만 그렇다고 해서 자유와 방종을 혼동해서는 안 된다. 그는 온갖 외적인 제한들과 권위로부터는 철저하게 자유로워야 하지만, 그의 해석 대상 속에 내재해 있는 법칙들로부터 자유로워서는 안 된다. 그는 자신의 모든 석의에 있어서 기록된 것에 의해서 제한을 받고 있는 것이기 때문에 자신의 생각을 성경의 저자들에게 돌릴 권리는 없다. 이 원리는 오늘날 일반적으로 인정되고 있다. 하지만, 해석자의 자유는, 성경은 하나님의 감동으로 되어서 모순이 없이 일관된 하나님의 말씀이라는 사실에 의해서도 제한을 받는다는 입장을 취하는 것은 완전히 다른 문제이다. 그렇지만 이 원리는 개혁 교회의 모든 해석자들이 존중해야 할 원리이다.

질문들

개인의 판단의 권리를 옹호한 최초의 인물은 누구였는가? 개혁자들은 해석의 차이들을 해결하기 위하여 어떤 제안을 하였는가? 어떤 신조에 동의한 해석자는 그의 성경 해석에서 그 신조로부터 이탈할 수 있는 권리를 지니는가? 그는 성경에 대한 그의 해석과 그가 동의한 신조 간에 갈등이 있는 경우에 어떤 조치들에 의지하여야 하는가?

제 5 장

문법적 해석

A. 개별 단어들의 의미

성경은 인간의 언어로 기록되었기 때문에, 무엇보다도 먼저 문법적으로 해석되지 않으면 안 된다. 해석자는 본문을 연구함에 있어서 두 가지 방식으로 진행해 나갈 수 있다. 한 가지 방식은 기자(記者)의 사상을 하나의 통일체로 표현해 놓은 문장으로 시작해서, 세부적인 것들, 즉 개별 단어들과 개념들에 대한 해석으로 내려가는 것이고, 다른 한 가지 방식은 후자부터 시작해서, 점차 기자의 사상을 하나의 전체로 표현한 문장을 고찰하는 것으로 올라가는 것이다. 순전히 논리적이고 심리적인 관점에서 본다면, 첫 번째 방식이 더 낫다고 할 수 있다. Woltjer, *Het Woord, zijn Oorsprong en Utilegging*, p. 59를 참조하라. 그러나 실제적인 이유들을 고려할 때, 외국어로 된 문헌에 대한 해석은 개별 단어들에 대한 연구로부터 시작하는 것이 일반적으로 바람직하다. 그러므로 우리는 그러한 순서를 따라서 우리의 논의를 진행해 나가고자 한다. 여기에서는 세 가지를 고찰할 필요가 있다.

1. 단어의 어원

단어들의 어원론적 의미는 석의자에게 가장 중요한 것은 아니지만 논리적으로 그 밖의 다른 모든 의미들보다 선행하기 때문에 가장 먼저 관심을 갖고 주목해야 한다. 일반적으로 해석자가 단어의 어원에 대한 탐구에 지나치게 몰두하는 것은 바람직하지 않다. 그러한 연구는 극히 난해하기 때문에, 통상적으로 전문가들에게 맡겨두는 것이 좋다. 게다가, 어떤 단어의 어원론적 의미가 그 단어의 현재적인 의미에 항상 빛을 비춰주는 것도 아니다. 아울러, 성경을 해석하는 자는 어떤 단어의 확인된 어원을 주목하는 것이 바람직하다. 왜냐하면, 그러한 어원은 그 단어의 진정한 의미를 결정하는 데에 도움을 줄 수 있고, 예상치 못한 방식으로 그 진정한 의미를 조명해 줄 수 있기 때문이다.

히브리어 단어들인 '코페르,' '킵푸림,' '캅포레트'를 생각해 보라. 이 단어들은 각각 "속전," "구속들, 속죄들," "속죄소"로 번역된다. 이 단어들은 모두 "덮다"를 의미하는 어근 '카파르'에서 파생된 것들로서 덮는다는 것에서 유추된 구속(救贖) 또는 속죄라는 개념을 내포하고 있다. 죄 또는 죄인은 구약의 희생제사에서 사용된 피로 상징된 그리스도의 속죄의 피로 말미암아 덮어진다. 또는, '에크'("-로부터")와 '칼레인'("부르다")이라는 두 단어에서 파생된 신약의 헬라어인 '에클레시아'를 생각해 보라. '에클레시아'는 칠십인역과 신약에서 교회를 지칭하는 용어로서 교회가 특별히 하나님을 섬기도록 세상으로부터 "불러내진" 백성으로 이루어져 있다는 사실을 보여준다.

연습문제

다음에 나오는 단어들의 원래의 의미를 찾아 보라.

(1) 히브리어 단어들: 하타(chata'), 아바(avah), 찻디크(tsaddiq), 카할(qahal), 에다('edhah).

(2) 헬라어 단어들: 클레로노미아(kleronomia), 마크로뒤미아(makrothumia), 유트라펠리아(eutrapelia), 스페르몰로고스

(spermologos).

2. 단어의 현재적 용법

해석자에게 있어서 어떤 단어의 현재적 의미는 그 어원론적 의미보다 훨씬 더 중요하다. 성경을 바르게 해석하기 위해서는 세월이 흐르면서 단어들이 획득하게 된 의미들과, 성경의 저자들이 그 단어들을 어떤 의미로 사용하였는지를 잘 알아야 한다. 이것은 반드시 해결해야 하는 중요한 사항이다. 오늘날 우리는 좋은 어휘 사전을 참조하면 그런 것쯤은 쉽게 알아낼 수 있다고 생각할 것이다. 좋은 어휘 사전은 일반적으로 단어들의 원래의 의미와 파생된 의미들을 보여주고, 아울러 그 단어들이 성경의 특정한 구절들 속에서 어떤 의미로 사용되고 있는지도 보여주기 때문이다. 대부분의 경우에 있어서 그런 생각은 백 퍼센트 옳다. 하지만, 우리는 이와 아울러서 어휘 사전들은 절대적으로 신뢰할 수 있는 것이 아니고, 적어도 세부적인 사항들로 내려가면 특히 그렇다는 것을 명심할 필요가 있다. 어휘 사전들은 단지 그 사전 편찬자가 볼 때에 가장 마음에 드는 해석자들의 석의 작업의 결과들을 실어놓은 것이어서 흔히 견해의 차이를 드러낸다. 또한, 어떤 단어에 대한 사전 편찬자의 의미 선택이 교리적인 편향에 의해 결정될 가능성이 대단히 농후하고, 몇몇 경우들에 있어서는 아주 명백하게 드러난다.

트리겔리스(Tregelles)는 게제니우스(Gesenius) 사전 제2판의 서문에서 이러한 위험성을 경고하면서 이렇게 말한다: “그런 까닭에 위에서 말한 대로 히브리어 언어학을 제대로 알고서 주목하는 것이 대단히 중요하다. 히브리어를 잘 알고 있거나 히브리어에 정통한 학자들이 쓴 저작들을 제대로 활용할 줄 알기만 한다면, 교리적 이유에서 어떤 히브리어 단어나 문장에 매우 특이한 의미를 부여하고자 할 때에 그것은 단지 도출해 내고자 하는 어떤 결론을 밑받침하기 위하여 고안된 전제의 오류(petitio principii)라는 것을 금방 알아낼 수 있다. 히브리어에 정통한 학자라면 그 누구라도 그러한 이상한 의미를 그 단어에 꼭 부여해야 하는 것이 아닐 뿐만 아니라, 지극히 자의적인 추측이나 추정에 의거할 것이 아니라면 그러한 의미 부여는 흔히 용납될 수 없다는 것도 알아낼 수 있다 … 지금까지 히브리어에 정통하지 않은 사람들은, 히브리어 단어들에 새롭고 이상한 의미들을 부여하거나, 특정한 구절들에서는(다른 구절들에서는 아닐지라도) 그런 의미로 해석하는 것이 옳다고 단언하거나, 어떤 어근이나 용어의 의미를 제한하는 방식으로 히브리어 언어학 분야에 어려움을 주었다. 이러한 행위 속에는 성경의 기자들이 일부 문장을 부정확하게 사용하였다는 전제가 깔려 있다."

해석자는 어휘 사전에 나와 있는 어떤 단어의 의미를 의심할 만한 이유가 있는 경우에는 스스로 그 단어의 의미를 연구해 보아야 할 것이다. 그러한 작업은 의심할 여지 없이 소중한 결실을 거둘 것이지만, 동시에 극히 어려운 작업이기도 하다: (1) 대부분의 단어들은 문자적 의미, 비유적 의미 등등과 같은 여러 가지 의미를 가지고 있다. (2) 다른 언어들 속에 나오는 비슷한 단어들에 대한 비교언어학적인 연구는 세심한 주의를 요구하는 것으로서 어떤 단어의 정확한 의미를 확정하는 데에 항상 도움이 되는 것은 아니다. 왜냐하면, 서로 다른 언어들에서 서로 대응되는 단어들이라고 해도 그 단어들의 원래적인 의미와 파생적인 의미가 항상 정확히 동일한 것은 아니기 때문이다. (3) 신약의 단어들을 연구할 때에는 문헌상에 나오는 '코이네' 만이 아니라 구어로 된 '코이네' 도 고려해야 하는 것은 필수적이다. (4) 신약에 나오는 어떤 단어의 의미를 고전 헬라어에서 그 단어가 사용된 의미로부터 이끌어 내는 것은 항상 안전한 것이 아니다. 왜냐하면, 기독교 속에서 헬라어 단어들은 새로운 내용이 부여된 경우가 많기 때문이다. 게다가, 어떤 단어가 하나님의 말씀 속에서 항상 동일한 의미를 지닌다고 가정하는 것은 위험하다. 하나님은 계시하실 때에 "여러 부분과 여러 모양으로" 말씀하셨다. 하나님의 계시는 점진적이었고, 단어들의 의미는 계시가 진행해 나가는 과정에서 점점 더 풍성해져

갔다.

그러나 이 작업이 아무리 어렵다고 해도, 해석자는 이 작업을 단념해서는 안 된다. 필요하다면, 그는 스스로 어떤 단어를 철저하게 연구하여야 한다. 그가 그 일을 하기 위해 취할 수 있는 유일한 길은 귀납적인 방법이다. 그는 다음과 같은 것들을 반드시 거쳐야 한다: (1) 히브리어와 헬라어 성구사전의 도움을 받아서 그 단어가 어디에 나오는지를 확인하는 것. (2) 그 단어가 나오는 각각의 맥락들 속에서 그 단어의 의미를 결정하는 것. (3) 외부의 도구가 아니라 내부의 도구를 통해서 이 일을 행하는 것. 그러한 연구를 해나가다 보면, 어떤 단어가 지닌 다양한 의미들이 점차 분명해질 것이다. 하지만, 해석자는 성급하게 결론을 내리지 않도록 주의하여야 하고, 오직 일부 자료들만을 근거로 귀납적 결론을 도출해 내서는 결코 안 된다. 그러한 귀납적인 연구를 통해서 그는 다음과 같은 것들을 해낼 수 있다: (1) 어휘 사전이 어떤 단어에 대하여 자신있게 제시한 특정한 의미가 실제로 옳은지의 여부를 결정하는 것. (2) 어휘 사전에서 의심스러운 것으로 서술된 어떤 의미에 대하여 확실성을 얻어내는 것. (3) 이제까지 그 단어의 의미로 한 번도 제시된 적이 없는 의미를 발견해 내는 것.

성경에서 단 한 번밖에 사용되지 않은 단어를 뜻하는 하팍스 레고메논(hapax legomenon)의 의미를 밝혀내는 일은 특히 더 어렵다. 하팍스 레고메논에는 두 종류가 있다: (1) 어떤 단어가 지금까지 우리에게 알려져 있는 모든 문헌 속에서 단 한 번만 발견된 경우인 **절대적 하팍스 레고메논**과 (2) 성경에 국한해서 단 한 번 사용된 경우인 **상대적 하팍스 레고메논**. 전자는 해석자에게 특히 당혹스러운 경우이다. 그러한 단어들의 기원(起源)이나 출처는 흔히 불분명한 경우가 많기 때문에, 그 단어들의 의미는 단지 그 단어가 등장하는 문맥을 살핌으로써, 또는 동일한 언어나 그 밖의 다른 언어들 속에 나오는 연관된 단어들에 비추어 유추를 행함으로써 추정에 의해서 결정될 수 있을 뿐이다. 마 6:11과 눅 11:3의 '에피우시오스,' 막 14:3과 요 12:3의 '피스티코스'를 생각해 보라.

3. 단어의 동의적(同意的) 용법

모든 언어에는 반의어와 동의어가 있다. 동의어들이라는 것은 동일한 의미를 지니거나, 그 단어들이 지닌 의미들 중에서 다른 것들이 있기는 하지만 하나 이상의 의미에서 서로 일치하는 단어들이다. 동의어들은 흔히 기본적인 의미는 일치하지만, 그 기본적인 의미의 서로 다른 뉘앙스들을 표현해 낸다. 동의어들을 사용하게 되면, 저자가 자기가 표현하고자 하는 것을 다양하게 표현할 수 있기 때문에 표현력이 풍부하게 되고 문장이 아름다워진다. 게다가, 동의어들은 어떤 특정한 사상이 지닌 서로 다른 뉘앙스들과 측면들을 좀 더 세밀하게 표현할 수 있게 해주는 방식으로 언어를 풍부하게 만들어 준다.

성경을 기록할 때에 사용된 언어들에도 동의어들과 동의적 표현들이 풍부하다. 그런데 유감스러운 것은 이러한 동의어나 동의적 표현들이 성경의 역본들 속에서는 상당 부분 상실되고 만다는 것이다. 그러한 것들을 살려서 번역하는 것이 거의 불가능한 경우도 있고, 어느 정도 살릴 수 있는 경우도 있다. 그러나 좀 더 세밀한 구별이나 차이들 중 일부가 번역문 속에서 상실되었다고 하더라도, 해석자는 그러한 구별이나 차이들을 결코 무시해서는 안 된다. 그는 눈을 크게 뜨고서 성경에서 동의어들과 관련된 모든 개념들을 다 유념해 두어서, 그 동의어들이 어떤 점에서 일치하고 어떤 점에서 서로 다른지를 금방 알아낼 수 있어야 한다. 이것은 성경의 계시를 잘 식별해 낼 수 있는 지식을 갖추기 위한 필수조건(sine qua non)이다.

우리는 여기에서 다시 한번 거들스톤(Girdlestone)의 *Old Testament Synonyms*, 케네디(Kennedy)의 *Hebrew Synonyms*, 트렌치(Trench)의 *New Testament Synonyms*, 크레머(Cremer)의 *Biblisch-Theologisches Wörterbuch* 등과 같은 외부의 도구들을 활용할 수 있을 것이다. 그러나 이러한 저작들이 모든 것을 다 완벽하게 갖추어 놓은 것도 아니고, 그 저작들이 해놓은 구별들이 해석자의 마음에 들지 않는 경우도 있을 수 있다. 그런 경우에 해석자는 극히 어려운 일이기는 하지만 스스로 귀납적인 연구를 하여야 한다. 트렌치(Trench)는 앞에서 말한 그의 저작의 제8판 서문에서 그러한 연구 작업을 제대로 해내려면 어떻게 해야 하는지에 대하여 몇 가지 소중한 힌트를 준다.

동의어들의 정확한 의미를 주의 깊게 살피는 것이 얼마나 중요한 것인지는 다음과 같은 몇 가지 예를 통해서 잘 드러난다. 이사야 53:2에서는 여호와의 종의 삶에서 외적인 영광이 없을 것임을 표현하기 위하여 세 가지 단어가 사용된다. 본문은 이렇게 되어 있다: "그는 고운 모양도 없고 풍채도 없은즉 우리가 보기에 흠모할 만한 아름다운 것이 없도다." 첫 번째 단어('토아르')는 아름답다는 개념이 추가된 "모양"을 의미하기 때문에 아름다운 용모(容貌)를 가리킨다. 삼상 16:18과 비교해 보라. 두 번째 단어('하다르')는 광채를 더해 주는 것을 가리키고, 하나님에게 적용될 때에는 그 엄위하심을 묘사하는 단어가 된다. 이 단어는 주님의 유형적인 모양이나 형체가 아니라 주님이 사람들 가운데 나타나신 방식을 가리킨다. 하나님은 스스로 겸비하여 욕된 상태로 나타나셨다. 세 번째 단어('라아,' "보다"에서 파생된 '마르에')는 종종 내적인 본질적 존재가 밖으로 나타나서 표현된 것을 가리킨다. 이사야 선지자가 이 본문을 통해서 전하고자 한 것은 주님이 나타나신 외적인 모습은 유대인들이 메시야에 대하여 기대하였던 그런 모습이 아니었다는 것이다.

신약에서는 요한복음 21:15-17에서 아름다운 예를 제시한다. 부활하신 주님이 시험에 걸려 넘어졌던 베드로가 지니고 있는 사랑에 대하여 물으셨을 때에 '아가파오'와 '필레오'라는 두 가지 단어를 사용하셨다. 트렌치(Trench)는 이 두 단어의 차이를 다음과 같이 설명한다: "첫 번째 단어는 존중할 만한 가치가 있는 것이 부여되어 있는 대상을 보거나 은인(恩人) 등과 같이 존중을 받아야 마땅한 인물에 대한 존경심에서 우러나와 스스로 선택하여 애정을 가지는 좀 더 이성적인 사랑을 표현한다. 반면에, 두 번째 단어는 반드시 이성적이지 않은 애정이라고 할 수는 없지만 그 이유를 밝히기 어려운 것으로서 좀 더 본능적이고, 감정이나 자연적인 애정이라는 측면이 더 강하게 작용하며, 좀 더 많은 열정을 함축하고 있는 사랑이다." 전자는 숭앙(崇仰)과 존경에 토대를 둔 것이기 때문에 의지(意志)에 의해 지배되고 지속성을 지니는 사랑인 반면에, 후자는 감정적 애정에 토대를 둔 것이기 때문에 좀 더 충동적이고 그 열기를 상실하기가 쉽다. 주님께서 베드로에게 첫 번째로 "네가 나를 사랑하느냐?" 라고 물으실 때에는 첫 번째 단어인 '아가파오' 를 사용하셨다. 그러나 시험의 때에 넉넉히 그 시험을 이길 수 있게 해주는 지속적인 사랑으로 주님을 사랑했느냐는 이 질문에 대하여 베드로는 감히 예라고 대답할 수 없었다. 그래서 그는 주님의 이 질문에 대하여 두 번째 단어인 '필레오' 를 사용해서 대답한다. 그러자 주님은 그 질문을 되풀하셨고, 베드로는 또 다시 동일하게 대답한다. 그러자 구주께서는 베드로의 수준으로 내려가셔서, 그의 세 번째 질문에서는 마치 그가 베드로의 '필레인' 조차도 의심하고 있다는 듯이 두 번째 단어인 '필레오' 를 사용하신다. 이렇게 되자, 베드로가 근심이 되어서 주님께서 다 아시지 않느냐는 말로 대답한 것은 너무도 당연한 것으로서 전혀 이상할 것이 없는 대답이었다.

동의어들을 연구하는 것이 얼마나 중요한지를 증명하는 데에는 이러한 예들로 충분하다. 이것은 해석자에게 흥미로운 연구 분야이다. 그러나 이 연구는 너무도 매력적이라는 그 이유 때문에 위험하게 될 수도 있다. 동의어들은 항상 특별히 구별되는 독특한 의미와 아울러서 일반적인 의미도 가지고 있다. 해석자는 동의어들이 사용될 때마다 그 동의어들의 독특한 의미가 항상 강조되고 있다는 원칙 아래에서 연구 작업을 진행해서는 안 된다. 왜냐하면, 그렇게 하는 경우에 해석자는 온갖 종류의 허구적인 해석에 스스로 휘말리기 십상이기 때문이다. 반드시 어떤 단어가 사용되고 있는 맥락, 그 단어에 따라붙는 술어들, 그 단어에 더해진 부가어들을 살펴서 그 단어가 일반적인 의미로 사용되고 있는 것인지, 아니면 특별한 의미로 사용되고 있는 것인지를 결정하여야 한다. 두 개 이상의 동의어 또는 동의적 표현이 동일한 구절에서 발견된다면, 그 동의어 또는 동의적 표현들이 지닌 특별한 의미에 주목하여야 한다고 여기는 것은 일반적으로 안전하다.

연습문제

다음에 나오는 동의어들을 연구하라.

(1) 구약: 에다('edhah), 카할(qahal), 레 4:13; 하타트(chatta'th), 아본('avon), 페샤(pesha'), 시 32:5; 델(del), 에브욘('ebhyon), 잠 14:31; 게베르(gebher), 아담('adham), 렘 17:5.

(2) 신약: 데에시스(deesis), 프로슈케(proseuche), 유카리스티아(eucharistia), 딤전 2:1; 카리스(charis), 엘레오스(eleos), 딤후 1:2; 소피아(sophia), 프로네시스(phronesis), 엡 1:8; 모르페(morphe), 스케마(schema), 빌 2:7; 모크도스(mochthos), 코포스(kopos), 살전 2:9.

B. 문맥 속에서 단어가 지니는 의미(usus loquendi)

개별 단어들에 대한 연구에서 가장 중요한 것은 단어들의 어원론적 의미도 아니고, 단어들이 점진적으로 얻게 된 여러 가지 다양한 의미들도 아니며, 그 단어들이 사용된 문맥 속에서 가지는 구체적인 의미이다. 해석자는 단어들이 일반적인 의미로 사용된 것인지, 아니면 여러 특별한 의미들 중 한 의미로 사용된 것인지, 단어들이 문자적 의미로 사용된 것인지, 아니면 비유적 의미로 사용된 것인지를 결정하여야 한다. 단어들의 비유적 의미에 대해서는 다음 항목에서 살펴볼 것이다. 단어들을 문맥 속에서 연구할 때에 해석자는 다음과 같은 원리들 위에서 그 작업을 진행하여야 한다.

1. "성경의 언어는 문법적 의미에 따라 해석되어야 하고, 어떤 표현, 명제, 선언의 의미는 거기에서 사용된 단어들에 의거해서 결정되어야 한다"

(Muenscher, *Manual of Biblical Interpretation*, p. 107). 궁극적으로, 우리의 신학은 오직 성경의 문법적 의미 속에서 그 확고한 토대를 발견한다. 신학적 지식은 성경의 명백한 의미로부터 이탈한 바로 그 정도만큼 잘못된 것이다. 이 원리 또는 잣대는 너무도 명백함에도 불구하고, 성경을 해석할 때에 자신이 지닌 선입견들을 거기에 넣어서 해석하는 자들에 의해서 반복적으로 범해지고 있다. 그들은 견강부회(牽强附會)적인 석의를 통해서 성경의 의미를 그들이 좋아하는 이론들이나 견해들에 맞추고자 애쓴다. 합리주의자들은 이 원리를 무시하고서 인간의 타락에 관한 이야기를 신화로 치부해 버리고, 천년왕국설을 신봉하는 자들은 데살로니가전서 4:16에서 두 번의 부활을 찾아낸다. 해석자는 이러한 잘못을 범하지 않도록 세심하게 주의하여야 하고, 흔들림 없이 말씀의 명백한 의미를 꼭 붙잡아야 한다.

2. 하나의 단어는 그 단어가 사용된 문맥 속에서 오직 하나의 정해진 의미를 갖는다. 이것은 특별히 언급할 필요가 없을 정도로 아주 명백해 보인다. 그러나 경험상 우리는 이 원리에 주의를 환기시키는 일이 결코 쓸데없는 일이 아니라는 것을 안다. 해석자는 성경을 독창적이고 심오하게 풀고자 하고 보통 사람들이 한 번도 들어보지 못한 기상천외한 해석을 통해서 사람들을 놀라게 하고자 하는 욕구 때문에 이 아주 단순한 성경 해석의 잣대를 놓치기 쉽다. 한 단어가 어떤 문맥 속에서 사용되고 있든지 간에 그 단어가 사전적으로 지닌 모든 의미들을 거기에 적용하는 일이 자주 일어나고 있다. 그러한 단어 해석은 순전히 자의적인 것으로서 단죄받아 마땅하다. 그렇게 하는 것이 얼마나 위험하고 어리석은 짓인지를 몇 가지 예를 통해서 살펴보자.

헬라어 '사륵스' ("육, 육체")는 (1) 몸에서 뼈를 제외한 단단한 부분(고전 15:39; 눅 24:39), (2) '소마' ("몸")와 동의어로 사용되었을 때에는 몸 전체(행 2:26; 엡 2:15; 5:29), (3) 인간이 지닌 동물적(감각적) 본성(요

1:13; 고전 10:18), (4) 죄에 의해서 지배되고 있는 인간의 본성, 죄악된 욕구들의 거소(居所)이자 매개체(롬 7:25; 8:4-9; 갈 5:16-17)를 지칭할 수 있다. 해석자가 이 모든 의미들을 요한복음 6:53에 나오는 이 단어에 다 적용한다면, 성경에서는 분명히 죄 없으신 분이라고 묘사하고 있는 그리스도는 윤리적 의미에서의 죄를 지닌 분으로 둔갑하게 되어 버린다.

히브리어 '나카르' 는 (1) 알지 못하다, 무지하다, (2) 어떤 것이 낯설거나 잘 알지 못해서 뚫어지게 바라보다, (3) 알다, 친숙하다를 의미한다. 첫 번째 의미와 세 번째 의미는 서로 반대된다. 그러므로 해석자가 창세기 42:8 같은 구절을 해석할 때에 이러한 여러 가지 의미들을 결합해서 적용하고자 한다면 그 절이 담고 있던 대비(對比)는 사라지게 되고, 말도 되지 않는 해석이 산출되고 말리라는 것은 너무도 명백하다.

이러한 해석 방법은 코케이우스(Coccejus)에 의해서 촉진되었는데, 그는 한 단어가 성경 속에서 지니는 모든 의미들을 다 합쳐서 보아야 한다는 원리를 주창하였다. 그러나 해석자는 이러한 자의적인 해석 방법을 경계하고 주의하여야 한다.

3. 한 단어의 몇 가지 의미들이 합쳐져서 더 높은 차원에서 통일을 이루고 있는 경우들은 앞에서 말한 원리 또는 잣대와 갈등을 일으키지 않는다.

(1) 한 단어가 가장 일반적인 의미로 사용되어서, 그 단어가 지닌 특별한 의미들이 강조되고 있지는 않지만 그 의미들을 포함하는 경우가 종종 있다. 예수께서 요한복음 20:21에서 제자들에게 "너희에게 평강이 있을지어다" 라고 말씀하실 때에 그가 염두에 두신 것은 가장 포괄적인 의미에서의 평강, 즉 하나님과의 평강, 양심의 평강, 그들 자신 가운데서의 평강 등등을 모두 포괄하는 평강이다. 이사야가 53:4에서 "그는 실로 우리의 질고(문자적으로는, '병들')를 지고" 라고 말할 때에 그가 가리키는 것은 분명히 영적인 질병들이다(여호와의 종은 바로 이 영적인 질병들로부터 자기 백성을 구원하시게 되어 있다). 그러나 우리는 마태복음 8:17에서 이 말씀이

구주의 치유 사역 속에서 성취되었다는 말을 듣는다. 그러므로 이사야의 말씀은 여호와의 종이 자기 백성을 영적인 질병, 즉 죄로부터 구원하셨을 뿐만 아니라 그 결과로 나타난 육신적인 질병들로부터도 구원하셨다는 것을 의미하는 것으로 해석된다.

(2) 또한, 어떤 단어가 지닌 하나의 특별한 의미가 그 단어가 나오는 구절의 목적이나 전후 연결관계와 갈등을 일으키지 않는 또 다른 특별한 의미를 포함하는 경우들도 있다. 그러한 경우에는 그 두 가지 의미를 서로 결합시키는 것은 지극히 정당하다. 세례 요한은 "보라, 세상 죄를 지고 가는 하나님의 어린 양이로다" 라고 말할 때에 '아이로' 라는 단어를 사용하는데, 이 단어는 (a) 들어올리다, 짊어지다, (b) 가져가 버리다를 의미한다. 이 구절에서 지배적인 의미는 분명히 후자의 의미이지만, 후자는 당연히 전자를 포함한다. 예수께서 죄를 스스로 짊어지지 않으셨다면 죄를 멀리 가져가 버리실 수 없으셨을 것이다.

(3) 저자는 종종 어떤 단어가 실제로 표현하는 것보다 훨씬 더 많은 것을 나타내기 위해서 여러 가지 풍부한 의미를 함축하고 있는 단어를 사용한다. 이런 경우는 특히 일부로써 전체를 나타내는 비유적 표현법인 제유법(提喩法) 속에서 생겨난다. 구주께서 제자들에게 "오늘날 우리에게 일용할 양식(문자적으로는, '떡')을 주옵시고" 라고 기도하도록 가르치셨을 때에 "떡" 은 의심할 여지 없이 좀 더 일반적으로 삶을 유지하는 데에 꼭 필요한 양식을 나타낸다. 율법이 "살인하지 말라" 고 말할 때, 예수의 해석에 의하면, 그것은 단지 사람을 죽이는 것만이 아니라 화내는 것, 미워하는 것, 앙심을 품는 것도 금지하는 것이다.

그러나 해석자는 어떤 단어가 지닌 여러 가지 의미들을 자의적으로 결합해서 해석하지 않도록 주의하여야 한다. 그는 어떤 단어가 지닌 두 가지 이상의 의미들이 그 문맥 속에서 서로 동등하게 잘 들어맞는 것으로 보이는 경우들을 만날 수 있는데, 이 때에 그 의미들을 서로 결합시켜 해석하고자 하는 손쉬운 길을 택하고자 하는 유혹을 받게 된다. 그러나 이것은 좋은 석의가 아니다. 뮌셔(Muenscher)는 그러한 경우에는 가장 온전하고 풍부한 해석을 가져다 주는 의미를 선택해야 한다고 주장한다. 하지만, 추가적인 연구를 통해서 명확한 선택이 가능해질 때까지 판단을 유보하는 것이 더 낫다.

4. 어떤 단어가 하나의 단락을 이루는 동일한 문맥 속에서 두 번 이상 사용된다면, 그 단어가 모두 동일한 의미로 사용되고 있다고 전제하는 것이 자연스럽다. 글을 쓰는 사람은 하나의 단락을 이루는 동일한 문맥 속에서 한 단어를 두세 가지 서로 다른 의미로 사용하지 않는 것이 보통이다. 만약 한 단어가 그런 식으로 사용된다면, 통상적인 경우에 해석의 혼란이 불가피하게 된다. 그렇지만 이 원칙에는 몇 가지 예외가 존재한다. 몇 개의 구절들 속에서 한 단어가 의미를 바꿔 가며 반복적으로 사용되는 경우가 있다. 그러나 그러한 경우에 저자는 있을 수도 있는 오해의 위험성을 제거해 두는 것이 보통이다. 해당 문맥의 표현의 성격상 그 단어가 두 번의 용례 속에서 동일한 의미를 지니지 않는다는 것이 충분히 분명하게 드러난다. 다음의 예들은 이것을 아주 분명하게 보여준다: 마 8:22, "죽은 자들이 그들의 죽은 자들을 장사하게 하고"; 롬 9:6, "이스라엘에게서 난 그들이 다 이스라엘이 아니요"; 고후 5:21, "하나님이 죄를 알지도 못하신 이를 우리를 대신하여 죄로 삼으신 것은 우리로 하여금 그 안에서 하나님의 의가 되게 하려 하심이라."

C. 단어 해석을 위한 내부의 도구들

여기에서 자연스럽게 제기되는 질문은, 해석자는 어떤 단어가 특정한 문맥 속에서 어떤 의미를 지니는지를 발견해 낼 수 있는 가장 좋은 방법은 무엇인가 하는 것이다. 우리는 가장 효과적인 방법은 표준적인 어휘사전이나 어떤 좋은 주석서들을 참조하는 것이라고 생각할 수도 있다. 사실, 많은 경우들에 있어서 그렇게 하는 것만으로도 충분할 수 있지만, 어떤 경우들에 있어서는 해석자가 스스로 판단하는 것이 꼭 필요할 수 있다. 그럴 때에 해석자는 내부의 도구들에 의지하여야 한다. 다음은 내부의 도구들 중에서 가장 중요한 것들이다.

1. 저자 자신이 어떤 단어에 대하여 제시하고 있는 정의 또는 설명은 가장 효과적인 도구들 중의 하나이다. 어떤 단어를 구체적으로 어떤 의미로 사용하고 있는지에 대해서는 저자만큼 잘 아는 사람은 없다. 다음에 제시된 예들은 이 원칙을 잘 보여준다: 창 24:2, "아브라함이 자기 집 모든 소유를 맡은 늙은 종에게 이르되"("자기 집의 늙은 종"이라는 어구에는 정의의 방식으로 "모든 소유를 맡은"이라는 어구가 덧붙여진다); 딤후 3:17, "이는 하나님의 사람으로 온전하게 하며 모든 선한 일을 행할 능력을 갖추게 하려 함이라"("온전하게 한다"는 어구에는 "모든 선한 일을 행할 능력을 갖추게 하는" 것이라는 설명이 덧붙여진다); 히 5:14, "단단한 음식은 장성한 자의 것이니 그들은 지각을 사용함으로 연단을 받아 선악을 분별하는 자들이니라"("장성한 자"라는 어구에는 "지각을 사용함으로 연단을 받아 선악을 분별하는 자들"이라는 설명이 덧붙여진다).

2. 한 명제의 주부(主部)와 술부(述部)는 상호적으로 서로를 설명해 준다. 마태복음 5:13에 나오는 "소금이 만일 그 맛을 잃으면"이라는 말씀 속에서 동사 '모란데이'는 "어리석어지다"(cf. 롬 1:22)라는 또 다른 의미를 지니고 있지만 주어인 "소금"에 의해서 한정을 받아 "맛을 잃다"는 의미로 해석된다. 로마서 8:19-23에서는 주어인 "피조물"의 의미는 여러 가지 술어들에 의해서 제한을 받고 있어서, 선한 천사들이라는 의미는 20절에 의해서 배제되고, 악한 천사들이라는 의미는 19-21절에 의해서 배제된다. 이 절들에 의해서 사람들 중의 악인들을 포함시키는 것도 불가능하게 되고, 23절에 의해서 하나님의 자녀들도 배제된다. 그러므로 거기에 나오는

"피조물"의 의미는 이성도 없고 생명도 없는 피조 세계로 한정된다.

3. 한 단어의 의미를 결정하는 데에 병행법이 도움이 될 수 있다. 이것은 특히 동의 병행법과 반의 병행법에 적용된다. 시편 7:13에서 "죽일 도구를 또한 예비하심이여"라는 어구는 그 뒤에 나오는 "그가 만든 화살은 불화살들이로다"라는 어구를 통해서 설명된다. 이사야 46:11에서 여호와는 자기가 "동쪽에서 사나운 날짐승을 부르고" 있다고 말씀하시는데, 이 말씀의 의미는 병행법을 구성하고 있는 "먼 나라에서 나의 뜻을 이룰 사람"이라는 어구를 통해서 설명된다. 디모데후서 2:13에서 바울은 하나님에 대하여 "주는 항상 미쁘시니, 자기를 부인하실 수 없으시리라"고 단언한다. 여기에서 "항상 미쁘시다"는 첫 번째 표현은 "자기를 부인하다"를 설명해 주고 있는데, 누가복음 9:23에서 "자기를 부인한다"는 것은 개인적인 이익이나 즐거움을 희생시키는 것을 의미한다. 잠언 8:35에는 "대저 나를 얻는 자는 생명을 얻고"라는 말씀이 나오고, 다음 절에는 이 어구와 반의 병행법을 이루는 "그러나 나를 잃는 자(문자적으로는, 내게 범죄하는 자)는 자기의 영혼을 해하는 자라"는 어구가 나온다. 첫 번째 어구는 두 번째 어구에 대한 설명으로서, 여기에서 사용된 동사 '하타'가 그 원래의 의미, 즉 "과녁을 빗맞추다"라는 의미로 사용되고 있다는 것을 분명하게 보여준다. 그러므로 우리는 두 번째 어구를 "그러나 나를 놓치는 자는 …"이라고 읽을 수 있다.

4. 병행문들도 중요한 도구이다. 병행문들은 문자적 병행문과 실질적 병행문, 이렇게 두 부류로 분류된다. "동일한 단어가 비슷한 전후 맥락이나 동일한 전체적인 주제와 관련해서 사용될 때, 그러한 병행은 문자적 병행이라 한다 … 구절들이 단어나 어구가 아니라 사실, 주제, 정서, 가르침 등에 있어서 서로 유사하거나 동일할 때에는 실질적 병행이라 한다" (Terry, *Biblical Hermeneutics*, p. 121). 문자적 병행들은 언어학적 용법

과 관련된 것들을 해명해 주는 반면에, 실질적 병행들은 역사적 · 윤리적 · 교리적인 것들을 해명하는 데에 도움이 된다. 여기에서 우리는 애매모호하거나 잘 알지 못하는 단어를 설명하는 데에 도움이 될 수 있는 문자적 병행들만을 살펴보고자 한다. 어떤 단어의 어원이나 그 단어가 사용된 문맥으로도 그 단어의 정확한 의미를 찾아낼 수 없는 경우가 있다. 그런 경우에 동일한 단어가 동일한 맥락 속에서 사용되거나 전체적으로 동일한 주제와 관련해서 사용되고 있는 병행문들을 연구하는 것이 대단히 중요해진다. 물론, 각각의 병행문은 그 전후 관계의 문맥 속에서 연구되어야 한다는 것은 말할 것도 없다.

병행문들의 도움을 받기 위해서는 해석자는 반드시 그것들이 진정한 병행문들인지를 확인하지 않으면 안 된다. 데이빗슨(Davidson)은 이렇게 말한다: "동일한 단어나 어구가 두 문장 속에서 발견된다는 것만으로는 충분치 않고, 반드시 정서상의 유사성이 존재하여야 한다." 예를 들면, 요나서 4:10과 데살로니가전서 5:5에는 모두 "(그) 밤의 아들(들)"이라는 표현이 나오지만 이 둘은 서로 병행이 아니다. 또한, 잠언 22:2과 29:13도 흔히 병행으로 여겨지고 있지만 사실 병행이 아니다. Terry, *Biblical Hermeneutics*, p. 121을 참조하라. 아울러, 설명을 필요로 하는 어구나 표현이 반드시 어느 한 병행문 속에서 더 분명하게 그 의미가 나타나 있어야 한다. 왜냐하면, 두 병행문에서 해당 어구나 표현의 의미가 똑같이 애매하다면 그 의미를 찾아내는 일은 불가능해지기 때문이다.

이와 관련해서, 해석자는 덜 명료한 쪽에 의거해서 완벽하게 명료한 구절을 밝히고자 하는 잘못을 범하지 않도록 세심한 주의를 기울여야 한다는 말은 굳이 할 필요가 없을 것이다. 성경의 분명한 가르침들을 피해나가는 데에 관심이 있는 자들은 흔히 그런 방법을 쓴다. 또한, 병행문들은 성경의 어느 부분으로부터나 가져올 수 있기는 하지만, 모종의 순서 또는 질서를 지키는 것이 바람직하다. 해석자는 병행문들을 무엇보다도 먼저 동일한 저자가 쓴 글들 속에서 찾아야 한다. 왜냐하면, 데이빗슨

(Davidson)이 말하였듯이, "독특한 개념이나 표현방식은 한 사람에게서 나온 서로 다른 저작들 속에 동일하게 반영되기 쉬운 법이기" 때문이다. 그런 후에, 다른 시대의 글들보다 앞서 동시대인들이 쓴 글들을 뒤져보아야 한다. 또한, 서로 다른 부류에 속한 글들보다는 동일한 부류에 속한 글들을 먼저 살펴보는 것이 상식이다.

아래에서 우리는 제대로 된 병행들을 사용한 경우와 그렇지 못한 경우를 나누어서 살펴볼 것이다.

(1) **제대로 된 병행들.** 골로새서 1:16에는 "만물이 그(그리스도)에게서 창조되되"라는 말씀이 나온다. 이 본문 속에서 "만물"('판타')은 문맥상으로 볼 때에 만유(萬有)를 가리킬 가능성이 유력함에도 불구하고, 대담하게도 어떤 이들은 여기에서 창조 사역이 그리스도에게 돌려지고 있다는 사실을 근거로 "만물"이라는 표현은 모든 "새 창조"를 가리킨다는 견해를 제시한다. 이 때에 성경 속에 창조 사역을 그리스도에게 돌리고 있는 구절이 과연 존재하느냐는 문제가 발생하는데, 만약 그런 구절이 존재한다면, 여기에서 이 표현이 새 창조를 가리킬 가능성은 배제된다. 그러한 구절은 고린도전서 8:6에서 발견된다. 거기에서 '타 판타'("만물")는 모든 피조된 것들을 가리키는 데에 사용되고, 창조 사역은 성부와 성자 둘 모두에게 동일하게 돌려진다. 이사야 9:6에서 선지자는 이렇게 말한다: "이는 한 아기가 우리에게 났고 … 그의 이름은 … **전능하신 하나님**('엘 깁보르')이라 … 할 것임이라." 게제니우스(Gesenius)는 여기에 하나님에 대한 언급이 전혀 나오지 않는다는 것을 근거로 이 어구를 "힘센 용사"로 번역한다. 그러나 이사야 10:21을 보면, 오직 하나님을 가리킨다고 볼 수밖에 없는 문맥 속에서 이 동일한 어구가 사용된다.

요한복음 9:39에는 다음과 같은 구절이 나온다: "내가 심판하러 이 세상에 왔으니 보지 못하는 자들은 보게 하고 보는 자들은 맹인이 되게 하려 함이라." '크리마'("심판")라는 단어는 대체로 정죄(定罪)의 심판을 가리키는 용법으로 사용된다. 그러나 이 본문 속에서 마지막 구절의 문맥에 비추어 볼 때에 이 단어는 좀 더 넓은 의미에 있어서의 일반적인 심판을 가리키는 것으로 보이기 때문에, 이 단어가 과연 그러한 의미로 사용된 적이 있느냐는 문제가 생겨난다. 로마서 11:33은 이 문제에 대한 대답을 제공해 준다. 왜냐하면, 거기에서는 이 동일한 단어가 의심할 여지 없이 그러한 일반적인 의미를 지니기 때문이다.

(2) **병행으로 볼 수 없는 것들.** 동일하거나 비슷한 단어 또는 표현이 나오지 않는 두 개의 문장은 서로 병행관계에 있다고 할 수 없다. 하나의 표현이 어느 한 문장에서 더 완전한 경우들도 병행이라고 볼 수 없다. 사무엘하 8:18에는 "다윗의 아들들은 '코하님' (개역에서는 '대신들,' 일반적으로는 '제사장들' 로 번역됨)이 되니라" 는 구절이 나온다. 게제니우스(Gesenius)는 이 단어가 항상 제사장들을 의미한다고 단언하는 반면에, 퓌르스트(Fuerst)는 이 단어가 종교와 관련이 없는 세속적인 의미에서의 방백들이나 고위 관리들(principes, praefecti, sensu civili)을 의미할 수도 있다고 주장한다. 후자의 견해는 역대상 18:17에 나오는 병행문에 의해서 확증된다. 거기에서는 사무엘하 8장과 비슷한 목록 속에서 "다윗의 아들들은 왕을 모시는 사람들의 우두머리('리쇼님')가 되니라" 는 구절이 나온다. 마태복음 8:24에는 "바다에 큰 놀('세이스모스')이 일어나" 라는 구절이 나온다. 이 단어는 원래 지진을 의미하지만, 여기에서는 문맥상 다른 의미를 가리키는 것으로 보인다. 이것은 회오리 바람 또는 폭풍을 의미하는 '라일랍스' 라는 단어가 사용되고 있는 병행문들인 막 4:37과 눅 8:25에 의해서 확인된다. 또한, 히브리서 1:3에는 "그는 자기로 말미암아 ('디 헤아우투') 우리의 죄를 정결케 하는 일을 하시고" 라는 구절이 나온다. 다양한 의미를 함축하고 있는 '디 헤아우투' 라는 표현은 "자기를 단번에 제물로 드려 죄를 없이 하시려고" 라고 말하고 있는 히브리서 9:26의 병행문에 의해서 설명된다.

연습문제

아래의 단어들이 그 단어가 나오는 문맥 속에서 어떤 의미를 지니는지를 내부의 도구들을 활용해서 찾아내 보라: "집"('오이키아'), 고후 5:1; "믿음"('피스티스'), 히 11:1; "휘장"('카타페타스마'), 히 10:20; "너를 덮으시리니," 눅 1:35; "세상의 터," 시 18:15; "유대인," 롬 2:28-29; "지은 바 되었으니"('에게네토'), 요 1:3(골 1:16과 비교하라); "요란하게 하여도," 잠 29:8; "이 세상의 초등학문"('스토이케이아 투 코스무'), 갈 4:3(9절과 비교하라); "어둠에 감추인 것들"('타 크룹타 투 스코푸'), 고전 4:5; "혈과 육"('사륵스 카이 하이마'), 고전 15:50; 마 16:17과 갈 1:16을 비교하라.

D. 단어의 비유적 용법

1. 성경에서 사용된 주된 비유적 용법들

여기에서 우리가 관심을 갖는 것은 구문이나 사상과 관련된 비유적 수사(修辭)들이 아니라, 어떤 단어나 표현을 그것이 원래 지니고 있던 것과는 다른 의미로 사용하는 비유적 용법(trope)이다. 이러한 비유적 용법들은 유사성 또는 모종의 분명한 연관성에 토대를 둔 것이다. 주된 비유적 용법들은 은유법(metaphor), 환유법(metonymy), 제유법(synecdoche)이다.

(1) 은유는 명시적으로 표현되지 않은 비교라고 할 수 있다. 은유는 어떤 하나의 대상을 또 다른 대상이라고 단언하거나 마치 어떤 하나의 대상이 또 다른 대상인 것처럼 말함으로써 비유하는 수사법(修辭法)이다. 은유는 명시적으로 비유하거나 같다는 표현을 사용하지 않는다는 점에서 직유(simile)와 다르다. 은유는 성경에 자주 등장한다. 시편 18:2에는 단 한 절에 6개의 은유가 나온다. 예수께서는 바리새인들에게 "너희는 가서 저 여우에게 이르라(눅 13:32)고 말씀하실 때에 이 수사법은 사용하신다. 성경

에는 하나님 또는 신적인 존재와 관련하여 특별히 주목하여야 할 두 종류의 은유가 나온다: 신인동정론(神人同情論, anthropopathism)과 신인동형론(神人同形論, anthropomorphism). 전자는 하나님을 인간의 정서와 감정, 욕구를 지닌 존재로 묘사하는 것이고(cf. 창 6:6; 신 13:17; 엡 4:30), 후자는 하나님을 신체를 지니고서 신체적인 활동을 하는 존재로 묘사하는 것이다(cf. 출 15:16; 시 34:16; 애 3:56; 슥 14:4; 약 5 :4). 또한, 천국을 황금 길들과 진주로 된 성문들이 있고 생명나무가 달마다 그 과실을 내는 곳으로 묘사한 것이나, 악인들이 겪을 영원한 고통을 죽지 않는 벌레와 꺼지지 않는 불, 영원토록 올라가는 고통의 연기로 묘사한 것 속에도 많은 은유가 존재한다는 것은 의심의 여지가 없다.

(2) 환유도 성경에 많이 나온다. 이 수사법은 제유법과 마찬가지로 유사성(resemblance)이 아니라 관계(relation)에 토대를 둔다. 환유의 경우에 이 관계는 유형적인 것이 아니라 정신적인 것이다. 환유는 원인과 결과, 어떤 것의 모체와 거기에서 나오는 것, 대상과 그 속성, 표시와 그것에 의해서 표시되는 것 같은 관계들을 보여준다. 바울은 데살로니가전서 5:19에서 "성령을 소멸하지 말며"라고 말하는데, 여기서 "성령"은 성령의 구체적인 나타남들을 가리킨다. 부자와 나사로 비유에서 아브라함이 "그들에게 모세와 선지자들이 있으니"(눅 16:29)라고 말할 때, 여기서 모세와 선지자들은 당연히 그들이 쓴 글들을 의미한다. 이사야 22:22에서 "다윗의 집의 열쇠"는 다윗 왕가를 다스리는 지배권을 가리킨다. 사도행전 7:8에서 할례를 언약이라고 부르는 것은 할례가 언약의 표시이기 때문이다.

(3) 제유는 어느 정도 환유와 비슷하지만, 제유가 토대로 삼는 관계는 정신적인 것이 아니라 유형적인 것이다. 이 수사법 속에서는 표현되는 것과 그 표현이 의미하는 것 간에 일정 정도의 동일성이 존재한다. 일부로써 전체를 나타내거나 전체로써 일부를 나타내고, 속(屬)으로 종(種)을 나타내거나 종으로 속을 나타내며, 개체(個體)로 부류(部類)를 나타내거나 부류로 개체를 나타내고, 복수(複數)로 단수(單數)를 나타내거나 단수로

복수를 나타낸다. 입다는 "길르앗에 있는 성읍들"에 장사되었다고 되어 있는데(삿 12:7), 이 복수형은 당연히 하나의 성읍을 의미한다. 선지자가 다니엘서 12:2에서 "땅의 티끌 가운데에서 자는 자 중에서 많은 사람이 깨어나"라고 말할 때에 거기에는 부분적인 부활을 가르치고자 하는 의도가 있지 않다는 것은 너무도 분명하다. 누가가 사도행전 27:37에서 배에 있는 사람들을 모두 합치면 "이백칠십육 영혼들"이라고 말할 때에 당연히 그의 의도는 몸이 없는 영혼들만 그 배에 타고 있었다는 것을 말하고자 한 것이 아니었다.

2. 비유적 의미 또는 문자적 의미 중 어느 쪽이 의도되고 있는지를 결정하도록 도와주는 내부의 도구들

어떤 단어가 문자적 의미로 사용된 것인지, 아니면 비유적 의미로 사용된 것인지를 아는 것은 해석자에게 대단히 중요하다. 유대인들, 그리고 심지어 제자들조차도 예수께서 비유적으로 말씀하신 것을 문자적으로 해석함으로써 중대한 오해를 한 적이 한두 번이 아니었다(cf. 요 4:11, 32; 6:52; 마 16:6-12). 주께서 "이것은 내 몸이니"라고 말씀하실 때에 비유적으로 말씀하신 것임을 깨닫지 못한 것은 종교개혁의 교회가 분열되는 빌미가 되기까지 하였다. 그러므로 해석자가 이 점과 관련하여 확실한 작업을 해두는 것은 대단히 중요하다. 다음과 같은 원칙들은 해석자가 이 문제를 해결하는 데에 큰 도움을 줄 것이다.

(1) 비유적인 언어의 사용이 선험적으로 불가능한 몇몇 부류의 글들이 있는데, 법들과 온갖 종류의 법적 도구들, 역사서들, 철학적인 저작들과 엄격하게 학문적인 저작들, 신앙고백문들(신조들)이 그런 것들에 속한다. 이러한 글들은 일차적으로 명료성과 정확성을 목표로 하고, 글을 아름답게 꾸미는 일은 부차적인 고려대상일 뿐이다. 그렇지만, 동방 사람들의 산문은 서방 사람들의 것보다 훨씬 더 비유적이라는 것을 명심하여야 한다.

(2) 단어들을 문자적으로 해석해 보아서 명백히 모순되거나 뜻이 통하지 않는 경우가 아니라면, 그 단어들은 문자적 의미로 이해해야 한다는 것이 오래되고 자주 반복되어 말해지는 해석학적 규칙이다. 하지만, 이 규칙은 실제에 있어서는 각 사람의 합리적인 판단에 많이 의존하게 된다는 점을 주의하여야 한다. 어떤 사람에게는 터무니없거나 도저히 그럴 것 같지 않은 것이라도 다른 사람에게는 완벽하게 뜻이 잘 통하고 아무 문제가 없는 것으로 여겨질 수 있기 때문이다.

(3) 어떤 단어가 특정한 문맥 속에서 문자적으로 사용되었는지, 비유적으로 사용되었는지를 결정할 때에 가장 중요한 수단은 우리가 앞에서 이미 언급한 내부의 도구들이다. 해석자는 전후의 문맥, 해당 단어에 붙어 있는 여러 부속어들, 주어와 거기에 붙어 있는 술어들의 성격, 병행법, 병행문들에 세심한 주의를 기울여야 한다.

3. 성경의 비유적 언어를 해석하는 데에 유용한 원리들

이제 성경의 비유적 언어를 어떻게 해석해야 하는가라는 문제를 살펴볼 차례이다. 해석자는 방금 언급한 통상적인 내부의 도구들을 활용하여야 하는 것은 당연한 일이지만, 그가 반드시 주목하여야 할 몇 가지 특별한 사항들이 있다.

(1) **단어의 비유적 용법은 모종의 유사성 또는 관계에 토대를 두기 때문에, 해석자가 어떤 비유의 바탕이나 출처가 된 것들에 대하여 명확한 인식을 가지는 것은 대단히 중요하다.** 성경의 비유적 언어는 특히 다음과 같은 것들에서 가져온 것들이다: (a) 저 거룩한 땅의 유형적 특징들, (b) 이스라엘의 종교 제도들, (c) 하나님의 옛 백성의 역사, (d) 성경에서 중요한 위치를 차지하는 여러 민족들의 일상 생활과 관습들. 그러므로 해석자는 그러한 것들로부터 유래된 비유들을 해석하기 위해서 그러한 것들을 이해하지 않으면 안 된다. 시편 92:12에는 "의인은 종려나무 같이 번성하며 레바논의 백향목 같이 성장하리로다" 라는 말씀이 나온다. 해석자는 여기서 종려

나무와 백향목의 특징을 알고 있지 못하다면 이 구절을 해석할 수 없다. 시편 51:7에 나오는 "우슬초로 나를 정결하게 하소서 내가 정하리이다"라는 말씀을 설명하고자 한다면, 해석자는 이스라엘에서 행해졌던 결례(潔禮)에 대하여 어느 정도의 지식을 갖고 있지 않으면 안 된다.

(2) 해석자는 세부적인 것들에 지나친 중요성을 부여하지 말고, 비유되고 있는 핵심적인 개념(tertium comparationis)을 파악하는 데에 주력하여야 한다. 성경의 저자들은 은유 같은 수사법들을 사용할 때에 어떤 특정한 일치점(들)을 염두에 두고 있는 것이 보통이다. 따라서 해석자는 비유 속에서 더 많은 일치점들을 찾아낼 수 있더라도 저자가 의도한 것들만으로 스스로를 제한하여야 한다. 로마서 8:17에서 바울은 큰 확신에 차서 "자녀이면 또한 상속자 곧 하나님의 상속자요 그리스도와 함께 한 상속자니"라고 말한다. 그가 여기서 믿는 자들이 그리스도와 더불어 그들 모두의 아버지이신 하나님으로부터 받는 축복들을 가리키고 있다는 것은 너무도 분명하다. 그런데 "상속자"라는 단어 속에 담겨진 은유에는 유언을 하는 당사자인 아버지 하나님이 죽는다는 의미도 거기에 포함되어 있다고 해석하는 것은 너무 지나친 것이 될 것이다. 어떤 비유가 지닌 온갖 세부적인 것들을 다 해석에 포함시키는 것이 얼마나 위험스러운 일인지는 요한계시록 16:15에 나오는 "보라 내가 도둑 같이 오리니"라는 말씀을 해석할 때에 아주 분명하게 나타난다. 각각의 경우에 어떤 비유를 어느 정도까지 적용해야 하는지는 일반적으로 문맥에 의해서 결정된다.

(3) 하나님과 만물의 영원한 질서를 언급하는 비유적 언어와 관련해서 해석자는 그러한 언어는 일반적으로 완전한 실체에 대한 매우 부적절한 표현만을 제공해 줄 뿐이라는 것을 명심하여야 한다. 하나님은 빛, 반석, 요새, 높은 망대, 해, 방패로 표현된다. 이 모든 비유들은 하나님이 그의 백성에 대하여 어떤 분이신지를 보여주는 모종의 관념을 전달해 준다. 그러나 이 비유들 중 어느 하나 속에서, 또는 그것들을 모두 합친다고 해도 하나님에 관한 완전한 묘사가 이루어지고 있는 것은 결코 아니다. 성경이 구속받은

자들을 구원의 옷을 입고 의의 옷을 걸치고 생명의 면류관을 썼으며 승리의 종려나무 가지를 든 자들로 묘사하고 있다고 하더라도, 그러한 비유들은 구속받은 자들이 장차 누리게 될 영광에 대하여 단지 매우 불완전한 관념만을 우리에게 전달해 줄 뿐이다.

(4) 우리는 성경의 비유들이 전달하고자 하는 사상들을 문자적인 언어로 표현해 봄으로써 성경의 비유들에 대한 우리의 통찰력을 어느 정도 테스트해 볼 수 있다. 그러나 우리가 반드시 명심해야 할 것은 성경에 나오는 상당수의 비유적 언어는 그러한 온갖 노력이 잘 통하지 않는다는 것이다. 이 말은 특히 성경 속에서 하나님과 영원한 것들에 대하여 말씀하고 있는 언어에 적용된다. 성경을 부지런히 주의 깊게 연구하는 것은 성경의 비유적 언어를 이해하는 데에 다른 그 무엇보다도 우리에게 더 많은 도움을 줄 것이다.

연습문제

성경의 저자들은 다음 구절들 속에서 어떤 종류의 비유를 사용하였고, 그 비유들은 어떻게 해석되어야 하는가? 창 49:14; 민 24:21; 신 32:40; 욥 34:6, "내 화살은 치유할 수 없다"(개역에서는, "화살로 상처를 입었노라"); 시 26:6; 46:9; 108:9; 전 12:3, "날"; 렘 2:13; 8:7; 겔 7:27; 23:29; 슥 7:11; 마 3:5; 5:13; 12:40; 롬 6:4; 고전 5:7–8.

E. 사상에 대한 해석

개별 단어들에 대한 해석이 끝났으면, 우리는 단어들의 상호관계, 즉 사상에 대한 해석으로 넘어간다. 하지만, 여기서 우리가 관심을 갖는 것은 사상의 실질적인 내용이 아니라 사상의 형식적 표현이다. 후자에 관한 논의는 역사적 해석과 신학적 해석을 다룰 때까지 미루기로 한다. 사상에 대한 설명은 종종 "논리적 해석"이라 불린다. 그것은 성경의 언어는 다른 언어들과 마찬가지로 섭리의 인도하심 아래에서 전개되는 인간 정신의 산물이라는 전제 위에서 진행된다. 그렇기 때문에, 다른 글들을 해석할 때에 적용하는 것과 동일한 논리적 원리들에 따라서 성경을 해석해야 한다는 것은 너무도 명백하다.

여기에서 고려해야 할 것들은 다음과 같은 것들이다: (1) 사상과 관련된 특별한 관용어법들과 수사법들, (2) 문장의 어순, (3) 여러 가지 격(格)들과 전치사들이 지니는 특별한 의미, (4) 여러 절들과 문장들의 논리적 연결관계, (5) 단락 전체 속에서의 사고의 흐름.

1. 사상과 관련된 특별한 관용어법들과 수사법들

모든 언어는 관용어법이라 불리는 모종의 특징적인 표현을 지니고 있다. 히브리어도 여기에서 예외는 아니고, 그 몇몇 관용어법들은 신약으로까지 이어졌다. 이사일어(二事一語, hendiady)는 자주 사용된다. 사무엘상 2:3에는 직역하면 "너희는 과장하지 말 것이며 말하지 말지어다"(개역에서는 "심히 교만한 말을 다시 하지 말 것이며")라는 말씀이 나온다. 이것은 분명히 "너희는 과장해서 말하지 말지어다"를 의미한다. 바울은 공회 앞에서 자신을 변호하면서 직역하면 "죽은 자의 소망과 부활로 말미암아 내가 심문을 받노라"(개역에서는, "죽은 자의 소망 곧 부활로 말미암아 내가 심문을 받노라"— 행 23:6)고 말하는데, 이 말은 "죽은 자의 부활의 소망"을 의미한다. 또한, 속격 명사가 형용사를 대신하는 경우도 자주 있다. 모세는 하나님이 그에게 사명을 주시자 자기는 "말들의 사람," 즉 말 잘 하는 사람이 아니라는 이유로 그 사명을 거절한다(출 4:10). 바울은 데살로니가 교인들에게 편지를 쓰면서 "소망의 인내"라는 표현을 사용하는데, 이 표현은 소망 가운데 인내하는 것을 의미한다. 또한, 구약에서 '로 콜'이 한데 붙어서 사용될 때, 그것은 "모두가 … 인 것은 아니다"로 번역되어야 하지만, 그 중간에 다른 말이 올 때에는 "하나도 … 아니다"로 번역되어야 한다. 시편 143:2을 "모든 인생이 주의 눈 앞에서 의로운 것은 아니다"로 직역하는 것은 중대한 잘못이 될 것이다. 개역처럼, "주의 눈 앞에는 의로운 인생이 하나도 없나이다"로 번역해야 옳다(또한, cf. 시 103:2). 이와 비슷한 경우는 신약에서도 찾아볼 수 있다(cf. 마 24:22; 막 13 :20; 눅 1:37; 요 3:15,16; 6:39; 12:46; 롬 3:20; 고전 1:29; 갈 2:16; 요일 2:21; 계 18:22).

그밖에도, 우리가 특별히 주의하여야 할 사상과 관련된 몇몇 종류의 수사법(修辭法)들이 있다.

(1) **어떤 수사법들은 진리를 생생하게 묘사하는 데에 도움을 준다.**

a. **직유**(simile). 시편 2:9에 나오는 철저한 파괴에 관한 묘사("네가 철장으로 그들을 깨뜨림이여 질그릇 같이 부수리라"), 이사야 1:8에 나오는 철저한 고독에 관한 묘사("딸 시온은 포도원의 망대 같이 겨우 남았도다")는 얼마나 생생한가(또한, cf. 시 102:6; 아 2:9).

b. **알레고리**(allegory). 알레고리는 길게 이어진 은유이기 때문에 은유에 적용되는 것과 동일한 일반적인 원리들 위에서 해석되어야 한다. 알레고리의 예는 시 80:8-15; 요 10:1-18에서 찾아볼 수 있다. 테리(Terry)는 알레고리와 비유 이야기(parable)를 다음과 같이 구별한다: "알레고리는 어떤 충분히 상정될 수 있는 사실 또는 역사를 비유적으로 사용하고 적용하는 것인 반면에, 비유 이야기는 그 자체가 상정될 수 있는 사실 또는 역사이다. 비유 이야기는 단어들을 문자적인 의미로 사용하고, 그 이야기는 실제 사실일 수 있는 것의 한계를 결코 넘어서지 않는다. 알레고리는 처음부터 끝까지 계속해서 단어들을 은유적인 의미로 사용하고, 그 이야기는 그 자체가 아무리 충분히 상정될 수 있는 것이라고 해도 명백히 허구적이다."

(2) **어떤 수사법들은 표현을 간략하게 하는 데에 도움을 준다.** 이런 수사법들은 저자의 생각이 활발하고 신속하게 전개되어서 모든 불필요한 말들을 다 생략하고자 하는 욕구가 저자에게 생겨남으로써 사용된다.

a. **생략법**(ellipsis)은 문장을 완벽하게 구성하는 데에는 꼭 필요하지만

그 문장을 이해하기 위해서는 꼭 요구되는 것이 아닌 단어나 단어들을 생략하는 것이다. 모세는 "오, 여호와여, 돌아오소서 — 언제까지니이까?"(주께서는 우리를 버리시려 하시나이까?)라고 기도한다. 앞뒤를 싹둑 잘라내 버린 것 같은 이 짧은 문장들은 시인의 감정을 잘 드러내준다. 그러한 예들로는 고전 6:13; 고후 5:13; 출 32:32; 창 3:22을 참조하라.

b. **간략법**(brachylogy)도 표현을 간결하게 하는 기법인데, 특히 문장을 문법적으로 완전하게 완성하기 위해서는 어떤 단어를 반복하거나 사용하는 것이 꼭 필요한데도 그 단어를 다시 사용하지 않거나 생략해 버리는 것이다. 이 수사법에서 생략은 생략법(ellipsis)에서만큼 눈에 두드러지지 않는다. 로마서 11:18에서 바울은 이렇게 말한다: "그 가지들을 향하여 자랑하지 말라 자랑할지라도 네가 뿌리를 보전하는 것이 아니요 뿌리가 너를 (보전하는 것이니라)." 또한, 요한일서 5:9도 주목하라: "만일 우리가 사람들의 증언을 받을진대 하나님의 증거는 더욱 크도다."

c. **함축 구문**(constructio praegnans)은 어떤 전치사가 실제로는 본문에 나와 있는 동사의 결과로서 그 동사에 내포되어 있는 본문에 표현되지 않은 동사에 속하지만 구문상으로는 본문에 나와 있는 동사와 결합되어 있는 구문이다. 예를 들면, 시편 74:7에는 "주의 성소를 불사르며 주의 이름이 계신 곳을 **더럽혀 땅에 엎었나이다**" 라는 말씀이 나오는데, 이 본문에 나타난 사상이 완전하게 표현되려면, "그 곳을 **갈아버리거나 불태워서** 땅에 엎었나이다" 라는 구문이 되어야 한다. 바울은 디모데후서 4:18에서 이렇게 말한다: "주께서 **나를 그의 천국에 (들어가도록) 구원하시리니** 그에게 영광이 세세무궁토록 있을지어다."

d. **액어법**(:軛査法, zeugma)은 본문에 나오는 두 개의 명사 중 하나 — 흔히 첫 번째 동사 — 에만 적절한 동사를 다른 명사에도 걸리게 하는 기법이다. 고린도전서 3:2을 직역하면, "내가 너희를 젖으로 마시게 하고 밥으로 아니하였다" 가 되고, 누가복음 1:64은 사가랴에 대하여 "이에 그 입이 곧 열리고 혀가 (열리며)" 라고 말한다. 해석자는 생략된 단어들을 보

충해 넣을 때에 기록된 것의 의미가 바뀌는 일이 없도록 아주 조심해야 한다.

(3) **어떤 수사법들은 표현을 부드럽게 하는 데에 도움을 준다.** 이러한 것들은 저자의 미묘한 감정이나 겸손에서 그 설명을 찾을 수 있다.

a. **완곡어법**(euphemism)은 의도하는 것을 좀 더 정확하게 표현해 주는 단어 대신에 사람들의 감정을 덜 건드리는 단어를 사용하는 것이다. "이 말을 하고 자니라"(행 7:60).

b. **곡언법**(曲言法, litotes)은 반대의 것을 부정함으로써 어떤 것에 대한 강한 긍정을 나타내는 것이다. 시편 기자는 "하나님이여, 상하고 통회하는 마음을 주께서 멸시하지 아니하시리이다"(시 51:17)라고 노래하고, 이사야는 "상한 갈대를 꺾지 아니하며 꺼져가는 등불을 끄지 아니하고"(사 42:3)라고 말한다.

c. **겸양법**(meiosis)은 곡언법(liotes)과 밀접하게 연관되어 있어서, 어떤 권위자들은 이 둘을 동일시하고, 어떤 권위자들은 곡언법을 겸양법의 일종으로 본다. 이것은 화자(話者)가 의도하는 것보다 그 정도를 낮추어서 말하는 수사법이다(cf. 살전 2:15; 살후 3:2; 히 13 :17).

(4) **끝으로, 어떤 표현에 강조점을 부여하거나 그것을 강화시키는 수사법들이 있다.** 이러한 것들은 의로운 분노 또는 활발한 상상력의 결과일 수 있다.

a. **반어법**(irony)은 겉으로는 칭찬이나 찬사 같지만 사실은 비난이나 조롱이 들어 있는 수사법이다(cf. 욥 12:2; 왕상 22:15; 고전 4:6). 성경 속에는 반어법이 풍자(sarcasm)로 이행된 경우들이 있다(cf. 삼상 26:15; 왕상 18:27; 고전 4:8).

b. **반복법**(epizeuxis)은 어떤 단어를 단순히 반복함으로써 그 표현을 강화시키는 것이다(창 22:11; 삼하 16:7; 사 40:1).

c. **과장법**(hyperbole)은 수사학적으로 과장된 진술로서 성경에 자주 등장한다(창 22:17; 신 1:28; 대하 28:4).

2. 문장의 어순

"한 문장 속에서 여러 단어들의 배치는 일반적으로 개념들이 형성되는 순서, 그 문장의 어떤 부분들이 서로 더 밀접한 관계에 있는 정도에 의해서 결정된다"고 비너(Winer)는 말한다. 하지만, 성경의 기자들은 이런저런 이유로 통상적인 어순에서 이탈하는 일이 비일비재하다. 그들은 어떤 경우에는 수사학적인 효과를 위해서, 어떤 경우에는 어떤 개념들을 서로 더 밀접하게 연결시키기 위해서 그렇게 한다. 그러나 특정한 단어를 강조하기 위해서 그 단어의 위치를 변경하는 경우들도 있다. 이러한 것들은 해석자에게 특히 중요하다. 통상적으로 문맥을 살펴보면 어순이 변경된 이유가 드러난다.

히브리어의 동사 문장에서 통상적인 어순은 술어, 주어, 목적어로 되어 있다. 그러한 문장에서 목적어가 가장 먼저 나오거나 주어가 문장의 처음이나 끝에 나온다면, 그 목적어나 주어가 강조되고 있을 가능성이 대단히 높다. 문장의 처음에 나오는 단어는 그 문장에서 가장 중요한 단어이지만, 강조된 단어가 문장의 끝에 나오기도 한다. 하퍼(Harper)는 통상적인 어순에서 변경된 다음과 같은 예들을 제시한다:

(a) 목적어, 술어, 주어 — 여기에서는 목적어가 강조된다(왕상 14:11).

(b) 목적어, 주어, 술어 — 여기에서도 목적어가 강조된다(창 37:16).

(c) 주어, 목적어, 술어 — 여기에서는 주어가 강조된다(창 17:9).

(d) 술어, 목적어, 주어 — 여기에서도 주어가 강조된다(삼상 15:33).

행위가 아니라 상태를 서술하는 명사 문장에서 통상적인 어순은 술어가 명사일 때에 주어, 술어이다. 이러한 통상적인 어순은 신명기 4:35의 "여호와는 하나님이시요"에서 나타난다. 그러나 창세기 12:13에서 저자는 통상적인 어순에서 벗어난다: "원하건대, 나의 누이라 하라 그대는"(개역에서는 "원하건대, 그대는 나의 누이라 하라"). 여기서는 술어가 강조되고 있다.

그러나 히브리어에는 강조를 표현하는 한층 더 효과적인 수단들이 있다. 이와 관련해서 절대 부정사(the infinitive absolute)의 용법은 예를 들 필요가 없을 정도로 아주 잘 알려져 있다. 이것은 실명사(實名詞)를 절대적 용법으로 문장의 처음에 두고서 원래의 자리에서는 하나의 명사를 통해서 그 실명사를 표현함으로써 실명사를 최대한으로 부각시키는 것이다. 창 47:21, "애굽 땅 이 끝에서 저 끝까지의 백성, 요셉이 그들을 성읍들에 옮겼으나"(개역에서는 "요셉이 애굽 땅 이 끝에서 저 끝까지의 백성을 성읍들에 옮겼으나"); 시 18:30, "하나님, 그의 도는 완전하고"(개역에서는 "하나님의 도는 완전하고")를 참조하라. 여호수아 1:2에서처럼 종종 어떤 관념이 먼저 대명사를 통해서 표현된 후에 명사를 통해서 다시 표현되는 경우도 있다: "내가 그들, 곧 이스라엘 자손에게 주는 그 땅으로 가라."

이와 비슷한 원리들은 신약을 해석할 때에도 그대로 적용된다. 헬라어에서는 주어는 그 수식어들과 함께 통상적으로 문장의 처음에 오고, 그 뒤에 술어와 그 부속어들이 온다. 목적어는 일반적으로 동사 뒤에 오고, 형용사는 그것이 꾸미는 실명사 뒤에 오며, 속격은 그것이 지배하는 명사 뒤에 온다. 어순이 바뀐다면, 그것은 십중팔구 어떤 단어가 강조되고 있는 것이다. 로마서 8:18에서처럼 술어가 문장의 처음에 나오는 것이 바로 그런 경우이다: "장차 우리에게 나타날 영광과 비교할 수 없도다 현재의 고난은"(개역에서는 "현재의 고난은 장차 우리에게 나타날 영광과 비교할 수 없도다"; cf. 마 5:3-11; 딤후 2:11). 누가복음 16:11에서처럼 동일한 목적으로 목적어가 종종 문장의 첫머리에 등장하는 경우가 있다: "참된 것으로 누가 너희에게 맡기겠느냐"(개역에서는 "누가 참된 것으로 너희에게 맡기겠느냐"; cf. 요 9:31; 롬 14:1). 또한, 속격을 그것이 지배하는 명사 앞에 놓는다든가 한정적 용법의 형용사를 그것이 수식하는 실명사 앞에 놓는 것도 동일한 목적을 위하여 사용된다. 로마서 11:13에서 "이방인의 사도"라고 할 때에 속격 "이방인의"라는 단어가 원래는 명사 "사도" 뒤에 나와야 하는데 실제로는 앞에 나온다(또한, cf. 롬 12:19; 히

6:16). 마태복음 7:13에 나오는 권면에서도 "좁은"이라는 형용사가 원래 그것이 꾸미는 명사 "문" 뒤에 와야 하는데 실제로는 앞에 나온다.

3. 격(格)과 전치사의 특별한 의미

해석자는 전치사구, 속격이나 여격이 나오는 구들 같은 모종의 단어 결합들에 특히 주의를 기울여야 한다. 그는 다음과 같은 질문들에 제대로 대답하지 않으면 안 된다: 에스겔 12:19의 "이 땅 모든 주민의 포악"이라는 어구에 나오는 속격은 주격적 속격인가, 목적격적 속격인가? 오바댜서 1:10의 "네 형제 야곱의 포학," 창세기 18:20의 "소돔과 고모라의 부르짖음"이라는 어구들에 나오는 속격은 어떠한가? 이사야 37:22의 "시온의 딸의 처녀"라는 어구에 나오는 것은 어떤 종류의 속격인가? 요한복음 5:42의 "하나님의 사랑," 빌립보서 4:7의 "하나님의 평강," 로마서 4:13의 "믿음의 의"라는 어구들 속에 나오는 속격은 주격적 속격인가, 목적격적 속격인가? 로마서 8:23의 "성령의 처음 익은 열매," 요한계시록 2:10의 "생명의 관"이라는 어구들 속에 나오는 속격은 어떻게 해석되어야 하는가? 또한, 여격(與格)도 몇 가지 문제를 불러일으킬 수 있는데, 이것과 관련해서는 몇 가지 예를 드는 것으로 충분할 것이다. 로마서 8:24의 "우리가 소망으로(또는, 소망 안에서) 구원을 얻었으매"라는 어구에 나오는 여격은 양태(樣態)의 여격인가, 도구의 여격인가? 빌립보서 1:27의 "복음의 신앙을 위하여(또는, 복음의 신앙으로) 협력하는 것"이라는 어구에 나오는 여격은 유익의 여격(dative commodi)인가, 도구의 여격인가?

전치사구도 중요한 문제들을 불러일으킬 수 있다. 몇몇 전치사들의 특별한 의미는 그것들이 어떤 격으로 사용되고 있느냐에 좌우된다. 게다가, 비슷한 의미를 지니면서도 뉘앙스가 다른 몇몇 전치자들도 있다. 해석자는 ㄴ이러한 세밀한 차이들을 무시할 처지가 되지 못한다. 전치사는 히브리어에서보다도 헬라어에서 훨씬 더 중요한 위치를 차지하기 때문에, 우리는 신약에 나오는 예들만을 들고자 한다. 고린도전서 15:15에는 "또 우리가 하나님의 거짓 증인으로 발견되리니 우리가 하나님이 그리스도를 다시 살리셨다고 '카타 투 데우' (개역에서는 생략됨) 증언하였음이라" 는 구절이 나오는데, 여기에서 '카타' 는 "— 에 대하여," "— 을 거슬러" (Meyer), 또는 마태복음 26:63에서처럼 "— 을 걸고서" 중에서 어느 쪽으로 번역을 해야 하는가? 로마서 8:27의 '카타 데온' (개역에서는 "하나님의 뜻대로"), 히브리서 11:13의 "이 사람들은 다 '카타 피스틴' (개역에서는, '믿음을 따라') 죽었으며" 에 나오는 동일한 전치사의 의미는 무엇인가? 이 마지막에 언급된 히브리서 본문은 "믿음 안에서," "믿음을 따라," "믿음에 순종하여" (많은 주석자들이 택한 번역) 중에서 어느 것으로 번역되어야 하는가? 히브리서 5:7의 "그의 경건하심으로 말미암아('아포') 들으심을 얻었느니라" 에 나오는 전치사 '아포' 는 무엇을 의미하는가? 이 전치사를 "—로부터" 로 해석해서 이 본문을 "들으심을 얻어서 두려움으로부터 그가 건지심을 받았다" 로 번역해야 하는가(앞에서 말한 함축 구문[constructio praegnans]으로 보고서), 아니면 "그가 두려워한 것과 관련해서 들으심을 얻었다" 로 번역하는 것이 더 좋은 것인가, 아니면 "그의 경건하심으로 말미암아 들으심을 얻었다" 로 번역해야 하는가? "그리스도 안에서" (롬 8:2; 갈 1:22; 2:17)라는 어구에 나오는 전치사 '엔,' "아버지와 아들과 성령의 이름으로" (마 28:19)라는 어구에 나오는 전치사 '에이스' 는 어떻게 해석되어야 하는가? '에이스' 와 '엔' 은 상호대체적으로 사용되는가, 아니면 항상 그 의미가 다른 것인가? 상태 동사 뒤에 나오는 '에이스' 의 의미는 무엇이고, 동작 동사 뒤에 나오는 '엔' 의 의미는 무엇인가? '디아 테스 카리토스' (롬 12:3, 개역에서는 "은혜로 말미암아")는 '디아 텐 카린' (롬 15:15, "은혜로 말미암아")는 어떻게 다른가? 요한복음 6:57의 "나를 먹는 그 사람도 나로 말미암아('디 에메') 살리라" 에서 '디아' 의 의미는 무엇인가? 로마서 3:30에서 사도는 "할례자도 믿음으로 말미암아('에크') 또한 무할례자도 믿음으로 말미암아('디아') 의롭다 하실 하나님은 한 분이시니라" 고 말한다. 전치사 '에크' 와 '디아' 는 의미에 있어서 무슨 차이가 있는가? 전치사 '안티,' '휘페르,' '페리' 가 죄와 관련된, 또는 죄인들의 유익을 위한 그리스도의 사역과 관련해서 사용될 때에 어떤 차이가 있는가? 마 20:28; 고전 15:3; 롬 5:6; 갈 1:4을 비교해 보라. 또한, '휘페르' 와 '페리' 는 다른 사람들을 위한 기도와 관련하여 사용될 때에 어떻게 구별되어야 하는가? 마 5:44; 살전 5:25을 참조하라.

4. 여러 개의 절과 문장의 논리적 연결관계

해석자는 여러 개의 절과 문장이 서로 어떤 논리적 연결관계 속에 있는지를 명확히 파악하는 것이 절대적으로 필요하다. 이를 위해서는 분사들과 접속사들의 용법을 연구해야 한다.

(1) **분사들이 보여주는 관계**. 그러한 것들로는 다음과 같은 것들이 있다.

a. **양태(樣態)**: 마 19:22, "그 청년이 … 근심하며(양태) 가니라"; 행 2:13, "어떤 이들은 조롱하여(양태) 이르되."

b. **원인**: 행 4:21, "관리들이 그들을 어떻게 처벌할지 방법을 찾지 못하고(원인) 놓아 주었으니"(방법을 찾지 못하였기 때문에 놓아 주었다는 것).

c. **조건**: 롬 2:27, "무할례자가 율법을 온전히 지키면(조건) … 율법을 범하는 너를 정죄하지 아니하겠느냐."

d. **양보**: 롬 1:32, "그들이 이같은 일을 행하는 자는 사형에 해당한다고 하나님께서 정하심을 알고도(양보) 자기들만 행할 뿐 아니라 또한 그런 일을 행하는 자들을 옳다 하느니라."

e. **시간**: 앞선 행위인지 동시적인 행위인지 나중의 행위인지를 표현한다. 이와 관련해서 석의상으로 중요한 문제들이 발생할 수 있다. 요한복음 3:13에서 주께서 니고데모에게 이렇게 말씀하신다: "하늘에서 내려온 자 곧 하늘에 계시는(현재 분사) 인자 외에는 하늘에 올라간 자가 없느니라." 여기에 나오는 분사는 현재로 번역하는 것이 옳은가("하늘에 계시는

인자"), 아니면 과거로 번역되어야 하는가("하늘에 계셨던 인자")? 또한, 고린도후서 8:9에서 사도는 이렇게 말한다: "우리 주 예수 그리스도의 은혜를 너희가 알거니와 부요하신(현재분사) 이로서 너희를 위하여 가난하게 되심은 …" 여기에 나오는 분사도 현재로 해석하는 것이 옳은가("부요하신 이"), 아니면 과거로 번역되어야 하는가("부요하셨던 이")? 이러한 질문들에 대한 해답은 문맥에 달려 있다. 분사 자체는 시간과는 무관하다. 유일하게 제기되는 문제는 정동사(定動詞)가 가리키는 시간에 대한 상대적인 시간이라는 문제뿐이다. 버튼(Burton), *New Testament Moods and Tenses*, p. 174에서 가져온 다음과 같은 원칙들이 도움이 된다.

(a) "분사의 행위가 동사의 행위보다 앞선 경우에 분사의 시제는 동사의 시제보다 앞서는 것이 보통이지만 반드시 꼭 그런 것은 아니다. 이 때에 분사는 통상적으로 부정과거(不定過去, aorist) 시제로 표현되지만 종종 현재분사가 사용되기도 한다."

(b) "분사의 행위가 동사의 행위와 동시적인 경우에 분사의 시제는 동사의 시제보다 앞설 수도 있고 동일할 수도 있는데, 동일한 경우가 더 많다. 이 때에 분사는 물론 현재 시제로 사용된다." (버튼의 이 말은 수정할 필요가 있다. 신약에서는 부정과거 분사와 주동사가 동시적인 행위를 가리키는 경우가 많다, 마 22:1; 행 10:33. Cf. Moulton, *Prolegomena*, p. 133; Robertson, *Grammar of the Greek New Testament*, p. 11-12f.)

(c) "분사의 행위가 주동사의 행위보다 나중의 것인 경우에 분사의 시제는 거의 동사의 시제를 따르고, 분사의 시제는 그 행위가 계속되고 있느냐에 관한 저자의 인식에 의해서 결정된다." (나중의 행위에 대하여 부정과거 분사가 사용되었다는 증거는 없다. Cf. Moulton, *Proleg.*, p. 132; Robertson, *Grammar*, p. 1113.)

(2) **접속사들이 보여주는 관계.** 절들과 문장들을 연결하는 데에 사용되는 가장 중요한 수단은 접속사들이다. 접속사는 저자의 사고(思考)들이 서로 어떤 논리적 관계 속에 있는지를 가장 분명하고도 가장 결정적으로 보여

주는 지표를 제공해 준다. 해석을 위한 도구로서의 접속사의 가치는 그 접속사가 구체적이고 특정한 의미를 띨수록 더욱 증가한다. 하나의 접속사가 지니는 의미가 많으면 많을수록, 그 접속사가 가리키는 정확한 관계를 결정하는 일은 더욱 어려워진다. **일반적인 접속사**(conjunctio generalis) 역할을 하는 히브리어 '와우'는 해석에 거의 도움을 주지 못한다. 또 다른 어려움은 어떤 경우들에 있어서는 어떤 접속사가 다른 접속사를 대신하여 사용되고 있는 것으로 보인다는 사실로부터 생겨난다.

접속사 '호티'는 원인절이나 목적절을 이끄는 역할을 하기 때문에, 그 절을 "— 때문에"로 해석해야 하는지, 아니면 '— 것을'이라고 해석해야 하는지라는 문제가 발생한다. 통상적으로는 그러한 문제는 문맥에 비추어서 쉽게 해결된다. 요한복음 7:23에서는 '호티'를 어떻게 해석하든 의미는 거의 달라지지 않지만, 로마서 8:21의 경우는 사정이 다르다. 사도는 이렇게 말한다: "피조물이 허무한 데 굴복하는 것은 자기 뜻이 아니요 오직 피조물도 썩어짐의 종 노릇 한 데서 해방될 것이라는 소망 속에서(또는, 해방될 것이기 때문에 소망 가운데서) 허무한 데 굴복하게 하시는 이로 말미암음이라." "피조물도 썩어짐의 종 노릇 한 데서 해방되리라는 것"이 소망의 내용을 말하는 것인지, 아니면 소망의 이유를 말하는 것인지는 전적으로 '호티'가 어떤 용법으로 사용되었는가에 달려 있다.

어떤 문법학자들은 접속사 '히나'는 신약에서 언제나 목적의 의미를 지니기 때문에 목적절을 이끈다고 주장한다. 그러나 목적을 가리키는 것이 의심할 여지 없이 '히나'의 통상적인 용법이기는 하지만, 예외 없이 그렇다고 할 수는 없다. 마 10:25; 눅 1:43; 요 4:34은 '히나'가 '호티'와 실질적으로 동일한 의미로 사용되고 있는 경우들이다. 게다가, '히나'는 예상되는 결과를 표현하기 위한 결과적 용법으로도 사용된다. 갈 5:17의 "육체의 소욕은 성령을 거스르고 성령은 육체를 거스르나니 이 둘이 서로 대적함으로 너희가 원하는 것을 하지 못하게 되는 것이니라(개역에서는, '못하게 하려 함이니라)"와 살전 5:4의 "형제들아 너희는 어둠에 있지 아니하매 그 날이 도둑 같이 너희에게 임하지 못하리니"의 경우가 바로 그런 것들이다.

성경의 저자들이 종종 접속사의 통상적인 용법에서 벗어난다는 것은 사실이고, 해석자는 이러한 사실을 기꺼이 인정하여야 한다. 그렇다고 해서, 해석자는 성급하게 어떤 접속사에 언어학적으로 보장되지 않는 의미를 부여해서는 결코 안 된다. 이사야 5:10에 나오는 접속사 '키'를 "게다가"로 번역하는 것은 자의적인 해석이다. 왜냐하면, 이 접속사가 보충설명적인 용법으로 사용되는 예가 알려져 있지 않고, 이 접속사의 통상적인 의미를 여기에 적용할 때에 그 뜻이 아주 잘 통하기 때문이다. 누가복음 7:47에 나오는 "이러므로 내가 네게 말하노니 그의 많은 죄가 사하여졌도다 이는('호티') 그의 사랑함이 많음이라"는 구절을 해석할 때, 접속사 '호티'가 접속사 '디오'의 의미("그런 까닭에")로 사용되는 예가 전혀 없음에도 불구하고, 어떤 해석자들은 교리적인 선입견의 영향을 받아서 '호티'를 "그런 까닭에"로 해석하였다.

우리가 명심해야 할 것은 일부 옛 석의자들의 주장, 즉 신약의 기자들은 흔히 접속사들을 혼동해서 '가르' 대신에 '데'를 사용하거나 그 반대의 경우도 있었다는 취지의 그들의 주장은 전혀 근거 없는 억지주장에 불과하다는 것이다. 신약을 주의 깊게 연구해 보면, 그 기자들이 전치사들의 의미를 잘 구분해서 사용하였음이 드러난다. 신약과 관련된 여러 문법서들을 참조하라.

또한, 접속사는 언제나 하나의 사고(思考)를 그 직전의 사고와 연결시킨다는 오해도 경계할 필요가 있다. 마태복음 10:31에는 "두려워하지 말라 너희는 많은 참새보다 귀하니라"는 구절이 나오고, 그 직후에는 "누구든지 사람 앞에서 나를 시인하면 …"이라는 구절이 나오는데, 이 32절의 말씀은 그 직전에 나오는 31절의 권면이 아니라 16절부터 계속 이어진 모든 말씀의 결론이다. 마찬가지로, 에베소서 2:11-13에서 이 구절의 첫머리에 나오는 "그러므로"는 11절을 10절과 연결시키는 것이 아니라 11절을

1-7절에 나오는 여러 명제들과 연결시킨다.

끝으로, 접속사에 의해서 연결되어 있지 않은 구절들도 존재한다. 어떤 경우들에 있어서 그 구절들은 누가복음 16:15-18에서처럼 논리적으로 서로 연결되어 있지 않다. 16절과 마 11:12-13을, 또 17절과 마 5:18을, 또 18절과 마 5:32을 비교해 보라. 하지만, 어떤 경우들에 있어서 그 구절들은 마태복음 5:2-11과 요한일서 1:8-10에서처럼 분명하게 서로 연결되어 있기도 하다. 그러한 경우에는 사고의 흐름과 문장 속에서의 단어들의 배치에 대한 면밀한 검토를 통해서 반드시 그 연결관계를 찾아내야 한다.

5. 단락 전체의 사고의 흐름

해석자가 개별적인 절과 문장에 관심을 쏟는 것만으로는 충분치 않다. 해석자는 기자 또는 화자의 전체적인 사고를 잘 알아야 한다. 성경 저자들의 사고의 흐름을 따라가는 것이 종종 해석자로서는 힘에 부치는 일일 수 있다. 우리는 예언서들을 해석할 때에 부딪치게 되는 특별한 어려움들만을 말하는 것이 아니다. 성경의 다른 부분들에도 난해한 대목들(cruces interpretum)이 있다. 개별적인 여러 사고들이 겉보기에는 서로 아무 관계도 없는 것처럼 보이지만, 사실은 밀접하게 연결되어 있다. 어떤 해석자들에게는 사고의 흐름이 논리의 법칙과 조화되지 않는 듯이 보이는 경우들도 있다. 강화(講話) 전체가 내재적인 모순을 내포하고 있는 것처럼 보이는 경우도 종종 있다. 한 가지 예를 드는 것만으로도 우리가 지금 말하고 있는 어려움이 무엇인지를 잘 예시해서 보여줄 수 있을 것이다. 요한복음 3장에는 니고데모가 예수께 나아와서 다음과 같이 말하는 장면이 나온다: "랍비여, 우리가 당신은 하나님께로부터 오신 선생인 줄 아나이다 하나님이 함께 하시지 아니하시면 당신이 행하시는 이 표적을 아무도 할 수 없음이니이다." 그런데 3절에 나오는 예수의 대답은 이 말과 어떤 연관이 있는 것인가? 4절에서 니고데모는 예수의 말씀을 이해하지 못하겠다고 분명하게 말한다. 주께서는 5-8절에서 니고데모의 질문에 대답을 하고 계시는 것인가? 이 바리새인은 9절에서 그의 질문을 다시 반복하고, 예수는 10절에서 니고데모의 무지에 대하여 의외라는 반응을 보이신다. 그런데 주님은 왜 자기가 말하고 있는 것을 자기가 알고 있다는 사실, 즉 니고데모를 비롯해서 유대인들이 믿지 않은 것, 자기가 하늘로부터 온 것과 장차 믿는 자들의 구원을 위하여 십자가에 들리게 되리라는 것을 말씀하시는 것인가? 16-21절도 예수의 말씀을 담고 있는 것인가? 요 8:31-37; 갈 2:11-21도 참조하라.

비유 이야기들(parables)은 특별히 주의할 필요가 있다. "비유 이야기"라는 단어는 헬라어 '파라발로' ("— 옆으로 던지다," 또는 "— 옆에 놓다")에서 유래한 것으로서 비교를 위해서 어떤 것을 또 다른 것의 옆에 둔다는 뜻을 지닌다. 비유 이야기는 도덕적 또는 영적 진리를 일상적인 경험의 유비(類比)를 통해서 예시하는 상징적인 어법을 가리킨다. 그러나 비유 이야기는 기본적으로 비교이자 직유이긴 하지만, 모든 직유가 다 비유 이야기인 것은 아니다. 비유 이야기는 현실적인 것만을 다루기 때문에, 그 묘사에 있어서 개연성이 있는 것 또는 실제적인 사실일 수 있는 것의 한계를 넘어서지 않는다. 비유 이야기는 비교하는 두 요소를 계속해서 "안과 밖"으로 구별하고, 어느 한 쪽의 특질과 관계들을 다른 한 쪽에 돌리지 않는다. 이 점에서 비유 이야기는 알레고리와 다르다. 알레고리는 사실 확장된 은유로서 그 해석을 자체 안에 담고 있기 때문이다. 주께서는 비유 이야기들을 두 가지 목적으로 사용하셨는데, 그 하나는 하나님 나라의 비밀을 그의 제자들에게 계시하기 위한 것이고, 다른 하나는 그 비밀을 영적인 세계의 실체들을 볼 눈이 없었던 자들에게서 감추기 위한 것이었다.

비유 이야기를 해석할 때에는 다음과 같은 세 가지 요소를 고찰하여야 한다.

(1) **비유 이야기의 목적, 또는 예시되고 있는 것.** 비유 이야기의 목적이 해석자의 생각 속에 뚜렷하게 부각되는 것이 일차적으로 중요하다. 해석자

는 그 목적을 찾아내고자 할 때에 성경이 제공하는 중요한 도움들을 간과해서는 안 된다.

a. 비유 이야기를 꺼내게 된 상황을 살펴보면, 그 비유 이야기의 의미와 취지가 드러날 수 있다. 마태복음 20:1ff.는 19:27에 의해서, 마태복음 25:14ff.는 13절에 의해서, 누가복음 16:19-31은 14절에 의해서 설명된다. 또한, 그 다음에 이어지는 비유 이야기들의 취지와 관련해서는 누가복음 10:29; 15:1-2; 19:11을 참조하라.

b. 비유 이야기의 대상은 누가복음 18:1에서처럼 그 도입부에서 명시적으로 진술될 수 있다.

c. 비유 이야기의 끝에 나오는 몇몇 표현들도 그 비유 이야기의 취지를 보여줄 수 있다. 마 13:49; 눅 11:9; 12:21을 참조하라.

d. 비슷한 취지의 비슷한 비유 이야기도 예시되고 있는 것이 무엇인지를 보여줄 수 있다. 누가복음 15:3ff.를 마태복음 18:12ff.와 비교해 보라. 마태복음 18:4은 귀중한 힌트를 담고 있다.

e. 하지만, 많은 경우에 해석자는 어떤 비유 이야기의 맥락을 세심하게 연구함으로써 그 비유 이야기의 목적을 찾아내야 한다.

(2) **비유 이야기의 비유적 묘사.** 비유 이야기의 대상이 결정된 후에는 비유적인 묘사를 면밀하게 검토하여야 한다. 진리를 드러냄과 동시에 진리를 은폐하고자 하는 이중적인 의도를 지닌 그 표면적인 서사(敍事)는 주의깊게 분석되어야 하고, 온갖 꼭 필요한 지리적 · 고고학적 · 역사적 내용을 가져다가 그 표면적 서사를 조명하여 해석해내야 한다.

(3) **비교점**(tertium comparationis). 끝으로, 정확한 비교점이 탐지되어야 한다. 어떤 비유 이야기 속에는 그 이야기가 여러 가지 이미지들을 사용해서 드러내고자 하는 하나님 나라의 어떤 특별한 측면, 믿는 자들이 따라야 할 어떤 구체적인 의무, 피해야 할 어떤 위험이 항상 존재한다. 바로 그 점을 찾아내지 못하였다면, 해석자는 그 비유 이야기를 결코 이해하였다고 할 수 없기 때문에, 그 비유 이야기 속에 나오는 개별적인 특징

들을 설명하려고 들어서는 안 된다. 왜냐하면, 개별적인 특징들은 중심적인 관념에 비추어 볼 때에만 올바르게 이해될 수 있기 때문이다. 또한, 독립적인 영적 의미를 그 비유 이야기의 모든 세부적인 것들에 돌리지 않도록 세심한 주의를 기울여야 한다. 해석자가 이 점과 관련해서 정확히 어느 정도나 깊이 들어가도 되는지를 말하는 것은 불가능하다. 비유 이야기 속에서 무엇이 윤리적 또는 교리적 내용들에 속하고, 무엇이 단순한 틀에 불과한 것인가라는 문제는 명쾌한 대답을 허용하지 않는다. 상당히 많은 부분은 상식에 맡겨져야 한다. 해석자는 주의 깊고 세심하게 구별해내는 것을 목표로 삼아야 한다. 그렇게 하는 데에 실패하게 되면, 흔히 허구적이고 자의적인 해석으로 빠지게 된다. 임머(Immer)가 제시한 일반적인 원칙은 여기서 꽤 도움이 될 수 있다: "어떤 비유 이야기의 기본적인 사상 또는 의도에 봉사하는 것들은 교리적인 내용들에 속하지만, 거기에 봉사하지 않는 것들은 단지 비유 이야기의 틀에 불과하다." 주께서 씨 뿌리는 자의 비유, 알곡과 가라지의 비유에 대하여 제시하신 설명들을 연구해 보는 것은 이 문제와 관련해서 시사해 주는 바가 많을 것이다.

연습문제

다음 구절들 속에서는 어떤 관용 표현들이 발견되는가? 창 1:14; 19:9; 31:15; 렘 7:13; 갈 2:16; 요 3:29; 계 2:17; 18:22.

다음 구절들 속에서 발견되는 사상과 관련된 수사법들의 명칭을 말해보고 해석해 보라: 욥 12:2; 시 32:9; 102:7; 잠 14:34; 사 42:3; 55:12; 마 7:24-27; 행 4:28; 요 21:25; 롬 9:29; 고전 4:8; 11:22; 고후 6:8-10.

다음 구절들 속에서는 어순에 있어서 어떠한 의미 있는 변화가 발견되는가? 시 3:5(원문); 18:31(원문); 74:17; 렘 10:6; 마 13:28; 요 17:4; 고전 2:7; 딤후 2:11; 히 6:16; 7:4.

파격구문을 보여주는 다음 예들을 살펴보라: 창 3:22; 시 18:48-49; 슥 2:11; 롬 8:3(Winer-Moulton, p. 718); 갈 2:6; 벧후 2:4-9.

다음 구절들 속에 나오는 속격과 여격을 설명하라: 창 47:43; 왕상 10:9; 잠 20:2; 롬 1:17; 10:4; 골 2:18; 롬 8:24.

다음에 나오는 전치사들의 의미는 무엇인가? '디아' — 롬 3:25; 고전 1:9; 히 3:16; 계 4:11; '엔' — 마 11:11; 행 7:29; 계 5:9; '안티' — 마 2:22; 20:28; '휘페르' — 갈 1:4; 고후 5:21; 히 5:1; '페리' — 고전 16:12; 요삼 1:2; '에이스' — 막 1:39; 행 19:22; 20:29; 요 8:30.

다음 구절들에서 분사는 정동사와 어떤 관계에 있는가? 고전 9:19; 11:29; 마 1:19; 27:49; 눅 22:65; 행 1:24.

다음 접속사들의 의미는 무엇인가? '카이' — 마 5:25; 요 1:16; 고전 3:5; '알라' — 고전 15:35; 고후 11:1; '호티' — 마 5:45; 요 2:18; '가르' — 마 2:2; 요 9:30; '데' — 고전 15:13; 4:7; '히나' — 요 4:36; 5:20; 롬 11:31; 살전 5:4.

F. 사상의 해석을 위한 내부의 도구들

성경은 그 내용들에 대한 논리적 해석을 위한 몇몇 도구들을 자체 속에 담고 있기 때문에, 해석자는 그러한 것들을 최대한으로 활용하는 데에 실패해서는 안 된다.

1. 저자가 지닌 특별한 목적

이것은 저자가 그의 저작의 특정한 부분을 쓰면서 염두에 두고 있었던 목적을 가리킨다. 물론, 성경의 저자들은 그들의 저작의 서로 다른 여러 부분들을 쓰면서 명확한 목적을 지니고 있었고, 어떤 구체적인 사상을 전개하는 것을 목표로 삼고 있었다. 그 저자들은 그들의 의도를 전달하고 전체적인 논증에 기여하는 데에 가장 적합한 단어들과 표현들을 선택해서 사용하였다고 보는 것은 아주 자연스러운 일이다. 그러므로 저자가 지니고 있었던 특별한 목적을 철저하게 알면, 분사와 접속사, 전치사구와 부사구의 용법 등과 같은 아주 세부적인 것들의 의미조차도 뚜렷하게 드러나게 된다. 저자가 지니고 있었던 특별한 목적에 비추어서 단어들과 표현들을 연구해야 하는 것과 마찬가지로, 그 특별한 목적은 저자가 그의 책을 쓰면서 지니고 있었던 전체적인 목적에 비추어서 살펴져야 한다는 것은 말할 필요가 없다. 우리는 이 전체적인 목적에 대해서는 성경에 대한 역사적 해석을 다룰 때에 살펴보게 될 것이다.

지금 여기에서 우리가 관심을 갖는 문제는 그 특별한 목적을 찾아내는 가장 좋은 방법은 무엇인가라는 것이다. 그 목적을 찾아내는 것은 언제나 쉬운 일인 것은 아니다. 저자가 그 목적을 분명하게 진술하는 경우도 종종 있다. 신명기 32장에 기록되어 있는 모세의 노래가 지닌 특별한 목적은 31:19–21에 분명하게 나타나 있다. 바울은 로마서 11:14에서 그의 독자들에게 왜 그가 바로 그 단락에서 이방인들을 향하여 말하고 있는지를 얘기해 주면서, 이방인들이 하나님의 양자로 택하심을 받았다는 것을 강조한다. 그러나 대부분의 경우에 그 특별한 목적은 제시되지 않는 것이 보통이기 때문에, 해석자는 그 목적을 찾아내기 위해서 전후 맥락을 살피는 가운데 어떤 단락 전체를 읽고 또 읽어야 한다. 저자가 전후의 연결관계 속에서 도달하고 있는 결론이 그가 염두에 둔 목적인 경우가 비일비재하다. 이 말은 논리적인 추론이 지배적인 바울 서신들에 특히 해당된다. 예를 들면, 롬 2:1; 3:20, 28; 5:18; 8:1; 10:17; 갈 3:9; 4:7, 31을 보라. 또한, 저자가 어떤 단락에 나오는 논증을 제시하게 된 상황을 주의 깊게 살펴보는 것도 도움이 될 것이다. 왜냐하면, 논증을 제시하게 만든 상황과 논증 자체의 목적은 서로 밀접한 상관관계를 갖기 때문이다. 바울이 그리스도의 낮아지심과 높아지심에 관한 고전적인 구절인 빌립보서 2:6–11을 쓰면서 염두에 두고 있었던 목적은 그 앞에 나오는 3절과 4절에 비추어 볼 때에 가장 잘 이해될 수 있다. 거기에서 바울은 빌립보 교인들에게 이렇게 권면한다: "아무 일에든지 다툼이나 허영으로 하지 말고 오직 겸손한 마음으로 각각 자기보다 남을 낫게 여기고 각각 자기 일을 돌볼 뿐더러 또한 각각 다른 사람들의 일을 돌보아라." 그리고 나서 바울은 계속해서 "너희 안에 이 마음을 품으라 곧 그리스도 예수의 마음이니 …"라고 말함으로써, 자기가 그리스도를 빌립보 교인들에게, 다른 사람들을 섬기기 위하여 스스로 낮아지신 분, 자기 일만을 돌보신 것이 아니라 다른 사람들의 일도 돌보신 분, 지극히 낮아지심을 통해서 지극히 높은 영광으로 높아지신 분으로 제시하고자 한다는 뜻을 아주 분명히 한다.

2. 전후의 맥락 또는 연결관계

어떤 구절의 전후 맥락, 그 구절이 가까운 곳이나 먼 곳과 유지하고 있는 연결관계를 특별히 주목하는 것은 절대적으로 필수적인 일로서 아무리 강조해도 지나치지 않다. 이것은 모든 건전한 석의의 필수조건(conditio sine qua non)이다. 그런데도, 이 점은 특히 성경을 증거본문들의 모음집 정도로 여기는 자들에 의해서 흔히 무시된다. 성경의 내용을 장과 절로 구분해 놓은 것은 항상 이러한 인식을 위태롭게 만드는 요인으로 작용한다. 그 결과 성경의 많은 구절들은 세월이 흐르면서 잘못 해석되었고, 그러한 왜곡된 해석들은 세대에서 세대로 전해져 내려왔다. 다음 구절들이 바로 그러한 예들이라 할 수 있다: 잠 28:14; 31:6; 렘 3:14b; 슥 4:6b; 마 4:4b; 10:19; 고후 3:6b. 크롭펠트(E. Kropveld) 목사가 "부적절하게 사용되는 성구들(misbruikte Schriftuurplaatsen)"에 관하여 쓴 작은 책자는 시사해 주는 바가 많아서, 해석자가 참조하면 많은 도움을 얻을 수 있다. 어떤 구절을 해석할 때에 그 연결관계나 맥락을 무시하는 해석자는 자신의 작업에 "석의"라는 고귀한 명칭을 붙여서는 안 될 것이다.

전후 맥락 또는 연결관계가 언제나 동일한 종류인 것은 아니다. 특히 주목할 만한 것은 다음과 같은 네 가지 유형의 연결관계이다:

(a) 전적으로 역사적인 맥락은 하나의 역사적 서사(敍事) 뒤에 기원(起源)과 이데올로기에 있어서 연관되어 있는 또 다른 역사적 서사가 이어지는 경우이다(마 3:13-17; 4:1-11).

(b) 역사적-교리적인 맥락은 교리적인 강화(講話) 또는 가르침이 역사적인 사실과 연결되어 있는 경우이다(요 6:1-14, 26-65).

(c) 논리적인 맥락은 사상이나 논증이 엄밀하게 논리적인 순서로 제시되는 경우이다(롬 5:1ff.; 고전 15:12-19).

(d) 심리적인 맥락은 그 연결관계가 여러 관념들의 연상(聯想)에 의거하고 있는 경우이다. 이 경우에는 흔히 사고의 흐름 속에서 단절이 일어나고 있는 것처럼 보이는 일이 잦다(히 5:11ff.).

(1) 연결관계를 연구할 때에는 접속사들에 세심한 주의를 기울여야 한다. 이 점을 무시하면, 해석자는 중요한 점들을 놓칠 수 있다. 우리는 이것과 관련하여 예들을 제시하지는 않을 것이기 때문에, 접속사의 용법과 관련하여 우리가 이미 제시한 예들을 참조하면 될 것이다. 몇몇 경우에는 접속사의 용법이나 의미 자체가 불확실할 수 있는데, 이 때에 해석자는 전체적인 맥락에 의존하는 수밖에 없다. 예를 들면, 접속사 '데' 는 순접(順接)일 수도 있고 역접(逆接)일 수도 있기 때문에, 요한복음 3:1이 니고데모를 하나의 예시로 제시하고 있는 것인지, 아니면 하나의 예외로 제시하고 있는 것인지가 불확실하게 된다.

(2) 통상적으로, 연결관계는 가급적 가까운 곳에서 찾아야 한다. 그러나 어떤 구절이 직전에 나오는 구절과 연결시켜 해석했을 때에 뜻이 잘 통하지 않는 경우에는 좀 더 먼 맥락을 참조하여야 한다. 어떤 주석자들은 로마서 2:16을 15절과 연결시키고자 한다. 그러나 그렇게 해석하면 대단히 불만족스러운 결과가 나오기 때문에, 16절이 12절 또는 13절과 연결되는 것으로 보고 그 중간에 오는 구절들은 다 삽입구로 보는 것이 더 낫다. 반면에, 어떤 주석자들은 쓸데없이 로마서 8:22을 19절과 연결시키지만, 22절을 21절에 걸리는 것으로 볼 때에 완벽하게 의미가 잘 통한다.

(3) 연결관계가 즉시 드러나지 않는 경우에 해석자는 사고의 흐름 속에 변화가 존재한다고 성급하게 결론을 내리지 말고, 시간을 두고서 찬찬히 생각해 보

아야 한다. 곰곰이 생각해 보면, 겉으로 사고의 흐름에 변화가 있는 듯이 보일 뿐이지, 사실은 동일한 주제가 이어지고 있다는 것이 분명해질 수 있다. 고린도전서 8장에서 바울은 그리스도인의 자유를 올바르게 사용하는 것에 대하여 중립적으로 다루고 있다. 그리고나서 바울은 9:1에서 "내가 사도가 아니냐"라고 말하면서, 이 주제로부터 떠나서 그의 사도직에 대한 변호를 시작하는 것처럼 보인다. 그러나 그것은 겉보기에 그럴 뿐이고, 사실 바울은 그가 예수 그리스도의 사도로서 많은 권리와 자유를 가지고 있지만 그의 사역이 더 풍성한 열매를 거둘 수 있도록 하기 위하여 그 권리와 자유를 심사숙고해서 사용하고 있다는 점을 지적하고 있는 것이다.

(4) **해석자는 삽입구, 여담, 파격구문을 잘 알아보아야 한다.** 이러한 것들은 모두 전후 연결관계를 다소간에 흐트러트려 놓는다. **삽입구**(parenthesis)의 경우에는 시간과 장소, 짤막한 부차적 상황과 관련된 설명들이 중간에 끼워넣어진 후에, 마치 아무런 중단이 일어나지 않은 것처럼 하나의 단락 또는 문장이 계속 이어진다. 창세기 23:2은 이렇게 되어 있다: "사라가 기랏아르바에서 죽으매, (가나안 땅 헤브론이 곧 그 곳이라), 아브라함이 들어가서 사라를 위하여 슬퍼하며 애통하다가"(개역에서는, "사라가 가나안 땅 헤브론 곧 기랏아르바에서 죽으매"). 또한, 사 52:14–15; 단 8:2; 행 1:15을 참조하라.

여담(digression)은 주된 논증의 흐름에서 이탈하여 부차적인 주제를 이루거나 직접적인 사고의 흐름에서 벗어나 그 흐름과 어느 정도 연관이 있는 또 따른 사고의 흐름을 이루는 좀 더 긴 구절들로 구성되어 있다는 점에서 삽입구와 다르다. 그 주목할 만한 예는 에베소서 3:2–13(어떤 이들은 4:1까지로 보기도 한다)이다. 또한, 고후 3:14–17; 히 5:10–7:1을 참조하라.

파격구문(anacolutha)은 하나의 구문을 완성하지도 않은 채 예기치 않게 또 다른 구문으로 넘어가는 것이다. 파격구문들은 흔히 역동적인 에너

지나 강력한 감정을 표현할 때에 사용된다(cf. 슥 2:11; 시 18:47-48; 눅 5:14; 딤전 1:3). 파격구문은 종종 삽입구나 여담과 결합되어 나오기도 하는데, 그러면 어려움은 배가된다. 로마서 5:12에서 사도는 이렇게 말한다: "그러므로 한 사람으로 말미암아 죄가 세상에 들어오고 죄로 말미암아 사망이 들어왔나니 이와 같이 모든 사람이 죄를 지었으므로 사망이 모든 사람에게 이르렀느니라." 우리는 그 다음 절에서 사도가 당연히 다음과 같이 말을 이어갈 것이라고 기대한다: "그런즉 한 범죄로 많은 사람이 정죄에 이른 것 같이 한 의로운 행위로 말미암아 많은 사람이 의롭다 하심을 받아 생명에 이르렀느니라." 그러나 사도는 12절에서 그러한 말을 하지 않고, 구성이 완전히 바뀌어 있는 18절에 가서야 그런 말을 한다.

(5) 연결관계가 분명하지 않은 경우에, 해당 구절이 청중들의 말이 아니라 생각에 대한 성찰이나 대답을 담고 있는 것은 아닌지, 모종의 심리적인 연결관계가 존재하는 것은 아닌지라는 문제가 생겨난다. 주님의 강화(講話)와 대화들을 주의 깊게 연구해 보면, 구주께서 흔히 청중들의 말이 아니라 그들이 지니고 있던 생각들에 대하여 대답을 주셨다는 사실이 드러난다(cf. 눅 14:1-5: 요 3:2; 5 :17, 19, 41; 6:26). 많은 주석자들은 미가서 2:12-13의 말씀을 앞뒤로 잘 연결이 되지 않는다는 이유로 후대의 삽입(interpolation)으로 판단하였다. 그러나 거기에서 심리적인 연결관계를 찾아내는 것은 얼마든지 가능하다. 선지자는 백성들에게 많은 사람에게 아주 바람직한 것으로 보였던 포도주와 독주에 대하여 예언하는 것을 경고한다. 그리고 선지자는 이 기회를 활용해서 여호와께서 그의 백성에게 소나기처럼 부어주실 진정한 축복들에 대하여 말하고 있는 것이다.

(6) 해석자는 저자들이 인접한 맥락 속에 나오는 그들 자신의 말이나 그들이 도입한 화자(話者)의 말에 대하여 이따금 직접 행하는 설명들을 기꺼이 받아들여야 한다. 그들은 다른 누구보다도 그렇게 설명할 수 있는 더 나은 권위와 자격을 갖추고 있다는 것은 두말할 필요가 없다. 그러한 설명들의 예는 요 2:21; 7:29; 12:33; 롬 7:18; 히 7:21에서 찾아볼 수 있다.

3. 병행법도 사상의 해석에 있어서 도움이 될 수 있다

병행법을 활용함에 있어서 해석자는 다음과 같은 두 가지 잘못을 주의하여야 한다. 그 중 하나는 병행되는 구절들은 각각 다른 한 쪽과 구별되는 의미를 지닌다고 전제하는 것이다. 이것은 일부 옛 해석자들이 추구하였던 극단적인 전제였다. 왜냐하면, 그들은 성경에서 동일한 사상이나 정서가 그대로 반복되었다고 보는 것은 성령의 지혜를 무시한 합당치 않은 것이라고 여겼기 때문이었다. 또 다른 하나는 병행법 속에는 항상 단순한 동어반복이 존재한다고 보고서, 병행법에서 두 대구(對句)는 정확히 동일한 관념을 담고 있다고 전제하는 것이다. 동의 병행법을 구성하는 두 대구의 의미가 완전히 동일하다거나, 반의 병행법을 구성하는 두 대구가 정확히 정반대의 의미를 지닌다고 생각하는 것은 잘못이다.

전자와 관련해서 데이빗슨(Davidson)은 이렇게 올바르게 지적한다: "종종 대구 중에서 하나가 보편적으로 표현하고 있는 것을 다른 하나는 특별하게 표현하는데, 그 반대도 성립한다. 대구 중에서 하나는 속(屬)을 얘기하고, 다른 하나는 종(種)을 얘기한다. 대구 중에서 하나는 어떤 것을 긍정의 서술로 표현하고, 다른 하나는 부정의 서술로 표현하며, 하나는 비유적으로 표현하고 다른 하나는 문자 그대로 표현한다. 대구 중에서 하나는 비교를 담고 있고, 다른 하나는 그 적용을 담고 있다. 대구 중에서 하나는 사실을 담고 있고, 다른 하나는 그것이 발생한 방식을 담고 있다 (*Sacred Hermeneutics*, p. 234).

그러므로 석의에 있어서 병행법의 기능은 "어떤 구절에 대한 정확한 또는 미세한 의미를 규정해 주는 것이 아니라 그 구절의 의미에 대한 전체적인 관념을 제시해 주는 것"에 있다는 것은 아주 명백하다. 병행법을 활용할 때에 해석자는 두 개의 대구(對句) 중에서 상대적으로 어느 쪽이 더 분명한 의미를 전달해 주고 있는지를 확인하여야 한다. 그렇게 하지 않으면, 이해하기 어렵고 그 의미가 불분명한 대구를 사용해서 그 의미가 좀 더 분명한 대구를 해석하고자 하는 우(愚)를 범할 수 있기 때문이다. 대구 중 하나가 비유적으로 표현되어 있고 다른 하나가 문자적으로 표현되어 있다면, 후자를 사용해서 전자의 의미를 밝히는 것이 옳다. 석의에서 병행법을 어떻게 사용하는지를 알아보는 데에 몇 가지 예가 도움이 될 것이다.

시편 22:27에는 "땅의 모든 끝이 여호와를 기억하고 돌아오며 모든 나라의 모든 족속이 주의 앞에 예배하리니"라는 구절이 나온다. 여기에서 병행법을 활용하여 석의를 해보면, "땅의 끝"은 먼 나라들 또는 이방인들을 가리킨다는 것이 아주 분명해진다. 시편 104:6에는 "옷으로 덮음 같이 주께서 땅을 깊은 바다로 덮으시매"라는 수수께끼 같은 표현이 나온다. 그러나 이 표현은 그 다음에 이어지는 구절인 "물이 산들 위로 솟아올랐으나"에 의해서 분명하게 해명된다.

요한복음 6:35에서 예수는 "나는 생명의 떡이니 내게 오는 자는 결코 주리지 아니할 터이요"라고 말씀하신다. 여기서 주께 온다는 것이 무엇을 의미하는지 의문이 생겨나지만, 이 구절과 병행을 이루는 그 다음에 나오는 또 하나의 대구가 이 의문에 대답을 해준다: "나를 믿는 자는 영원히 목마르지 아니하리라." 고린도후서 5:21에는 반의 병행법이 나온다: "하나님이 죄를 알지도 못하신 이를 우리를 대신하여 죄로 삼으신 것은 우리로 하여금 그 안에서 하나님의 의가 되게 하려 하심이라." 사도는 하나님께서 그리스도를 윤리적 또는 법적 의미 중에서 어떤 의미로 우리를 대신하여 죄로 삼으셨다고 말하고 있는 것인가? 이 질문에 대한 대답은 반의 병행법을 구성하는 또 다른 대구인 "우리로 하여금 그 안에서 하나님의 의가 되게 하려 하심이라"는 구절 속에 있다. 왜냐하면, 이 대구는 오직 법적인 의미로만 이해될 수 있기 때문이다.

G. 문법적 해석을 위한 외부의 도구들

1. 외부의 유용한 도구들

성경에 대한 문법적 해석(논리적 해석을 포함한)을 위한 외부의 도구들은 다음과 같은 것들로 구성되어 있다.

(1) 문법서들

a. 구약: Ewald, Gesenius-Kautzsch, Green, Wilson, Davidson, Harper, 누르체(Noordtzij).

b. 신약: 비너(Winer, 영어본으로는, Winer-Moulton과 Winer-Thayer), 부트만(Buttmann, 영어본으로는, Buttmann-Thayer), Blass, Moulton, Robertson, Robertson-Grosheide.

(2) 어휘 사전들

a. 구약: Gesenius-Buhl(영어본으로는 Gesenius의 초기 판본을 Tregelles가 번역한 것), Fuerst, Siegfried-Stade, Koenig, Brown-Driver-Briggs.

b. 신약: Robinson, Thayer, Harting(네덜란드어), Abbott-Smith, Souter, Cremer, *Biblisch-Theologisches Woerterbuch*(10th ed. by Koegel, 제4판에 대한 영역본), Baljon, *Grieksch-Theologisch Woordenboek*.

(3) 성구 사전들

a. 구약: Fuerst, Mandelkern(둘 다 본문이 히브리어로 되어 있다).

b. 신약: Brueder(공인본문[Textus Receptus]을 사용함), Moulton and Geden(Westcott and Hort의 본문을 사용함). 둘 다 본문이 헬라어로 되어 있다.

c. 전체: Trommius(네덜란드어), Cruden, Walker, Strong, Young(모두 영어 본문으로 되어 있다).

(4) 전문연구서들

a. 구약: Driver, *Hebrew Tenses*; Adams, *Sermons in Accents*; Geden, *Introduction to the Hebrew Bible*; Girdlestone, *Old Testament Synonyms*; Kennedy, *Hebrew Synonyms*.

b. 신약: Burton, *Moods and Tenses*; Simcox, *The Language of the*

New Testament; *The Writers of the New Testament*; Trench, *New Testament Synonyms*; Dalman, *The Words of Jesus*; *Jesus–Joshua*; T. Walker, *The Teaching of Jesus and the Jewish Teaching of His Age*; Deissmann, *Light from the Ancient East*; *Biblical Studies*; Robertson, *The Minister and His Greek New Testament*; Moulton and Milligan, *The Vocabulary of the Greek Testament*.

(5) 주석서들

a. 구약: Calvin의 주석서들; Keil and Delitzsch; Strack and Zoekler; Lange의 주석서; *The International Critical Commentary*; Jamieson, Fausset, and Brown; *Cambridge Bible*; *Korte Verklaring*(여러 저자들에 의한); 또한, Delitzsch, Hoedemaker, Spurgeon, Kok, Sikkel, Alexander, Hengstenberg, Greenhill, Henderson, Pusey, Aalders, Young, Leupold 가 쓴 개별 책들에 대한 주석서들.

b. 신약: Calvin의 주석서들; Lange의 주석서; Meyer(J. Weiss에 의한 최신판은 사실 새로운 저작이다); *The International Critical Commentary*; Zahn; Alford; *Expositor's Greek Testament*; Jamieson, Fausset, and Brown; *Cambridge Bible*; *Korte Verklaring*; Grosheide, Greydanus 등에 의한 *Kommentaar op het Nieuwe Testament* (Bottenburg edition); Erdman, Lenski; Barnes 주석; 또한, Ellicott, Lightfoot, Eadie, Brown, Stuart, Westcott, Swete, Mayor, Lindsay, Owen, Beckwith, Godet, Van Andel, Barth, De Moor 등이 쓴 개별 책들에 대한 주석서들.

2. 주석서들을 올바르게 사용하는 법

주석서들을 올바르게 사용하는 법과 관련하여 몇 가지 주의사항을 덧붙여둘 필요가 있을 것이다.

(1) 어떤 구절을 설명하고자 할 때, 해석자는 무턱대고 주석서들에 의존

해서는 안 된다. 그렇게 하면, 해석자가 갖고 있는 모든 독창성의 싹이 처음부터 아예 잘려버리게 될 수 있고, 불필요한 엄청난 수고를 하고서도 절망적인 혼란 속에 빠져들기 십상이기 때문이다. 해석자는 무엇보다도 먼저 모든 가능한 내부의 도구들과 문법서, 성구사전, 어휘사전들 같은 외부의 도구들을 활용해서 그 구절을 해석하고자 애써야 한다.

(2) 해당 구절에 대하여 어느 정도 독창적인 연구를 한 후에 한두 권의 주석서를 참조할 필요성을 느끼게 된다고 해도, 해석자는 이른바 아무리 훌륭한 것들이라고 해도 실용적인 주석서들은 피해야 한다. 왜냐하면, 실용적인 주석서들은 학문적인 해석이 아니라 신자들의 덕을 세우는 것을 목적으로 씌어진 것들이기 때문이다.

(3) 해석자가 분명한 질문들을 염두에 둔 채 가급적 많은 주석서들을 찾아본다면, 그의 작업은 훨씬 쉬워질 것이다. 이것은 일정 정도의 예비적인 독창적 연구를 한 후에야 가능하겠지만, 그렇게 하면 주석서들이 해당 구절에 대하여 설명하고 있는 모든 것을 다 읽어야 하는 수고를 덜어줄 것이기 때문에 시간은 훨씬 절약된다. 게다가, 분명한 생각을 가지고서 주석서들에 접근하면, 해석자는 그가 만나게 되는 서로 갈등하는 여러 견해들 중에서 어느 쪽을 선택해야 할 때에 훨씬 더 잘 선택할 수 있게 된다.

(4) 해석자가 주석서들의 도움 없이 겉보기에 만족스러운 설명을 얻는 데에 성공했다고 하더라도, 그의 해석을 다른 사람들이 한 해석들과 비교해 보는 것이 바람직하다. 그 과정에서 자기가 어떤 특정한 점에 있어서 일반적인 견해와 반대되는 결론을 내렸다는 것을 발견하였다면, 해석자는 자기가 결론을 내리게 된 근거를 다시 한번 주의 깊게 검토해서, 자기가 모든 자료들을 다 고려하였는지, 그의 추론이 세세한 부분까지 올바른 것인지를 살펴보는 것이 현명하다. 그는 자신의 견해를 다시 수정할 수밖에 없게 만드는 어떤 잘못을 발견해낼지도 모르는 일이다. 그러나 자기가 밟은 모든 단계가 다 근거가 있다는 것이 확인된다면, 해석자는 주석자들이 자기와 다른 무슨 말을 할지라도 자신의 해석을 견지하여야 한다.

제 6 장

역사적 해석

A. 정의와 설명

우리는 이 장에서 해석학의 또 다른 분야를 살펴볼 것이다. 데이빗슨(Davidson)이 한 다음과 같은 말은 옳다: "문법적 해석과 역사적 해석은 둘 다 올바르게 이해하기만 한다면 똑같은 말이다. 성경의 기자들이 언어를 사용할 때에 따랐던 특별한 문법 규칙들은 그들의 독특한 상황의 산물이었고, 오직 역사만이 우리를 그러한 상황 속으로 데려다준다." 그러나 이 둘이 밀접하게 서로 얽혀 있고 완벽하게 분리하는 것이 불가능하다는 것이 의심할 여지 없는 사실이라고 할지라도, 이 둘을 서로 구별해서 따로따로 살펴보는 것은 여전히 가능할 뿐만 아니라 대단히 바람직하다.

우리가 말하는 역사적 해석은 제믈러(Semler)가 여기에서와 동일하게 역사적 해석이라는 고상한 명칭을 붙인 상황적합성 이론(accommodation theory)이나 진화론 철학을 역사에 적용한 오늘날의 역사비평학적 해석 방법론과 혼동해서는 안 된다. 우리가 말하는 역사적 해석은 성경의 여러 책들에 각기 다르게 그 흔적을 남긴 역사적 상황에 비추어서 성경을 연구하는 것을 가리킨다. 임머(Immer)는 그것을 "진정한 설명"이라고 부른다. 성경의 형식적 측면 — 성경의 내용을 담고 있는 언어 — 에 적용되는 문법적이고 논리적인 해석과는 달리, 역사적 해석은 성경의 실질적인 내용물을 다룬다. 그것은 다음과 같은 전제들 위에서 진행된다.

1. 역사적 해석의 기본 전제들

(1) **하나님의 말씀은 역사적인 방식으로 생겨났기 때문에, 역사에 비추어 볼 때에만 이해될 수 있다.** 이것은 성경에 담겨 있는 모든 것이 역사적으로 설명될 수 있다는 것을 의미하는 것은 아니다. 성경은 하나님의 초월적 계시이기 때문에 당연히 역사적 해석의 한계를 뛰어넘는 요소들을 내포하고 있다. 그러나 성경의 내용물이 지니고 있는 의미는 상당한 정도로 역사적으로 결정되었기 때문에, 그러한 정도 내에서 역사적으로 설명될 수 있다.

(2) **어떤 말은 살아 있는 말, 즉 저자의 영혼에서 나온 말로 파악될 때까지는 결코 온전히 이해될 수 없다.** Woltjer, *Het Woord, zijn Oorsprong en Uitlegging*, p. 45를 참조하라. 이것은 심리학적 해석이라 불리는 것이 필수적이라는 것을 뜻하는데, 사실 심리학적 해석은 역사적 해석의 일부에 속한다.

(3) **적절한 역사적 배경 속에서 바라보지 않는다면, 저자를 이해하고 그의 말들을 해석하는 것은 불가능하다.** 사람이 어떤 의미에서 그의 삶의 상황들을 통제하고 그 상황의 성격을 결정한다는 것이 사실이지만, 사람은 상당 부분 그가 처한 역사적 환경의 산물이라는 말도 마찬가지로 사실이다. 예를 들면, 사람은 그의 민족, 그의 땅, 그의 세대의 자녀이다.

(4) **특정한 시대, 장소, 상황이라는 조건 아래에서 산출된 글들은 당연히 그 시대, 장소, 상황, 당시의 지배적인 세계관과 인생관에 의해서 채색된다.** 이것은 성경의 여러 책들, 특히 역사적이거나 상황대응적인 성격을 지닌 책들에도 그대로 적용된다. 온갖 부류의 문헌들 가운데서 삶의 모든 부분을 다룸에 있어서 성경에 필적한 만한 책은 없다.

2. 석의자에게 요구되는 것들

이러한 전제들에 비추어 볼 때, 역사적 해석은 석의자에게 다음과 같은 것들을 요구한다.

(1) 그는 그가 설명하고자 하는 저작을 쓴 저자를 알고자 하여야 한다: 저자의 혈통과 가문, 그의 성품과 기질, 그의 지적 · 도덕적 · 종교적 특성, 그의 삶의 외적인 상황들. 마찬가지로, 그는 성경의 책들 속에 소개된 화자(話者)들과 최초의 독자들을 잘 알기 위해서 애써야 한다.

(2) 역사적 가설들의 도움을 받아서 이용가능한 역사적 자료들로부터 해당 저작이 생겨난 환경을 가급적 세밀하게 복원해 내는 일은 그의 의무이다. 달리 말하면, 그는 저자의 세계를 복원해 내야 한다. 그는 해당 저작이 씌어진 땅의 자연 환경, 그 책의 최초의 독자들의 성격과 역사, 관습과 도덕과 종교에 정통하여야 한다.

(3) 그는 해당 저작의 성격을 좀 더 직접적으로 결정한 다음과 같은 여러 가지 영향력들을 고찰하는 것이 얼마나 중요한지를 알게 될 것이다: 최초의 독자들, 저자가 품고 있던 목적, 저자의 나이, 그의 사고틀, 그가 그 책을 쓴 특별한 상황들.

(4) 또한, 그는 정신적으로 스스로 주후 1세기와 동방의 상황 속으로 몰입하여야 한다. 그는 스스로 저자의 관점에 서서 저자의 영혼 속으로 들어가서, 저자의 삶을 살고, 저자가 생각하는 대로 생각할 수 있어야 한다. 이것은 그가 저자를 오늘날로 옮겨와서 저자로 하여금 주후 20세기의 언어를 말하도록 만들어 버리는 흔한 잘못을 저지르지 않도록 각별히 조심하여야 한다는 것을 의미한다. 그가 이 점을 피하지 못한다면, 맥피터즈(McPheeters)의 말대로 "그가 듣는 음성은 단지 그 자신의 관념들의 메아리일"(Bible Student, Vol. III, No. II) 위험성이 존재한다. 그는 항상 "주체가 아니라 대상으로부터 의미를 찾는다"(non ex subjecto, sed ex objecto sensum quaerit)는 것을 자신의 원칙으로 삼아야 한다.

B. 저자 또는 화자의 개인적 특징들

1. 저자는 누구인가?

어떤 책에 대한 역사적 해석에서 무엇보다도 먼저 다음과 같이 묻는 것은 당연하다: 그 책의 저자는 누구였는가? 성경의 책들 중에는 저자의 이름이 나와 있는 것도 있고 그렇지 않은 것도 있다. 그러므로 해석자는 그 책의 저자는 누구였는가를 물어야 한다 — 이것이 단지 이름의 문제로 여겨진다고 해도, 거기에 대답하는 것이 항상 쉬운 것은 아니다. 그러나 성경에 대한 역사적 해석과 관련해서 이 문제는 단지 저자의 이름을 아는 것이 아니라 거기에서 한참을 더 나아가야 한다. 단순히 저자의 이름을 알아낸 것만으로는 석의자는 그 어떤 실질적인 도움도 얻을 수 없다. 그는 저자 자신이 어떤 사람인지를 알아내고자 하여야 한다: 예를 들면, 저자의 성품과 기질, 저자의 성향과 습관적인 사고방식. 그는 저자의 내면의 삶의 은밀한 것들을 깊이 통찰해서, 저자의 삶을 지배하였던 동기들을 가급적 깊이 이해하여, 저자의 사상과 의지와 행위에 대한 통찰을 얻도록 애써야 한다. 저자의 직업에 관한 것을 알아내는 것은 석의자에게 대단히 바람직하다. 저자의 직업은 저자의 인물됨, 생활태도, 언어에 강력한 영향을 미칠 수 있기 때문이다.

이 점에 있어서 엘리엇(Elliott)의 말은 정곡을 찌른다: "서로 다른 부류의 많은 사람들이 각각 그들만의 습관적인 어투, 친숙한 표현들, 독특한 이미지, 사물을 보는 특징적인 관점, 즉 한 마디로 말해서 자신들만의 독특한 성격을 지니고 있다는 것을 떠올리기 위해서는 뱃사람, 군인, 상인, 노동자, 성직자, 변호사라는 명칭을 열거하는 것만으로도 충분하다."

다른 사람들을 잘 알기 위한 가장 좋은 방법은 그들과 어울리는 것인 것과 마찬가지로, 어떤 저자와 친해지는 가장 효과적인 방법은 그의 저작들을 부지런히 연구하고 모든 개인적인 숨결들, 그의 성품과 삶을 보여주는 부수적인 말들에 각별한 주의를 기울이는 것이다. 모세를 알고자 하는 자는 오경, 특히 마지막 네 권의 책을 연구하여야 하는데, 특별히 출 2-4장; 16:15-19; 33:11; 34:5-7; 민 12:7-8; 신 34:7-11; 행 7:20-35; 히 11:23-29 같은 구절들을 주의해서 살펴보아야 한다. 이러한 구절들은 이 구약의 중재자(모세)의 혈통, 그가 하나님의 섭리에 의해서 목숨을 보전하게 된 것, 그가 좋은 교육을 받았다는 것, 그가 곤경에 빠져 있는 자기 백성을 열렬히 사랑하였다는 것을 잘 보여준다. 또한, 이 구절들은 모세를 그가 젊었을 때에는 충동적이고 자기주장이 강한 사람이었을지라도 오랜 기간의 기다림의 세월 동안에 겸손과 인내를 배운 인물, 선뜻 나서서 큰 일을 맡기를 주저하지만 사실은 지도자의 자격을 충분히 갖춘 인물, 교육을 통해서 박학다식하게 되었지만 겸손한 성품을 지닌 인물, 자기 백성에 의해서 중상모략을 당하고 능욕을 당했지만 그들을 사심 없는 마음으로 뜨겁게 사랑하고 그들로부터 당한 수모를 모범적인 인내로써 잘 감당했던 인물, 그러니까 믿음의 영웅으로 분명하게 묘사하고 있다.

바울을 알기 위해서는 누가가 기록한 바울의 일대기와 바울이 쓴 서신들을 읽는 것이 필수적이고, 행 7:58; 8:1-4; 9:1-2, 22, 26; 26:9; 13:46-48; 롬 9:1-3; 고전 15:9; 고후 11장; 12:1-11; 갈 1:13-15; 2:11-16; 빌 1:7-8, 12-18; 3:5-14; 딤전 1:13-16 같은 구절들을 특별히 주목하여야 한다. 이러한 구절들 속에서 바울이라는 인물은 부분적으로는 디아스포라(diaspora)의 산물이자 부분적으로는 랍비 가말리엘 학파의 산물, 유대 문헌에 정통하였고 자신의 신념을 실천에 옮기는 용기를 지닌 인물, 교회를 철저하게 박해한 인물이면서도 자신의 길이 잘못되었다는 것을 기꺼이 고백하고 진심으로 회개하고 회심한 인물, 자신의 주님을 섬기는 일에 자신의 모든 힘을 쏟고자 하였고 자신의 동족이 구원받기를 열망하였으면서도 이방인들의 구원을 위하여 지치지 않는 열심과 불굴의 용기로 기도하고 일한 인물, 그리스도 안에서 하나님이 모든 영광을 받으시도록 아주 기꺼이 자신을 부인한 인물로 뚜렷하게 부각된다.

어떤 책의 저자를 친밀하게 잘 알게 되면, 그 저자가 한 말들을 제대로 이해하는 일이 한층 쉬워진다. 그렇게 되면, 해석자는 어떤 단어들과 표현들이 저자의 영혼 속에서 어떻게 탄생되었는지를 결정적으로 추정하거나 확실히 알 수 있게 되고, 어떤 어구들과 문장들이 예기치 않은 방식으로 깨달아지게 되며, 그것들이 살아 있는 힘을 지닌 것들로 더욱 생생하게 다가오게 된다.

성경에서 예레미야는 자기에게 맡겨진 의무를 수행하기를 주저하는 예민하고, 다정다감하며, 충동적인 인물로 우리 앞에 서 있다. 이것을 알고 있으면, 해석자는 예레미야의 저작의 여러 부분들의 특징을 이루고 있는 다정다감함과 병적인 감수성을 이해하고, 원수를 책망할 때에 불같이 화를 내거나(11:20; 12:3; 15:10ff.; 17:15–18), 여호와께서 그의 팔의 권능을 나타내지 않으신다고 탄식하거나, 자기가 태어난 날을 저주하는(20:7–18) 등등의 그의 모습을 이해하는 데에 도움을 받을 수 있다.

사도 요한은 분명히 천성적으로 성격이 급하고 다혈질적이었으며, 종종 이기적인 야심에 의해서 흔들렸고, 주의 일에 아주 열심이어서 예수에게 부당하게 대적하는 자들로 생각되는 자들에게 엄중하였다. 그러나 그의 천성적인 성격이 지니고 있던 결함들은 은혜로 인하여 누그러졌다. 그의 사랑은 거룩한 것이 되었고, 그의 열심은 올바른 통로를 찾았다. 그는 생명의 샘물을 깊이 들이마셨기 때문에, 구주의 놀라운 삶이 지닌 신비들에 대하여 다른 사람들보다 더 깊이 성찰할 수 있었다. 이와 같은 사실은 요한이 쓴 복음서와 공관복음서의 차이를 상당 부분 설명해 주고, 아울러 그가 그리스도 안에 거하는 것과 그리스도와 형제들을 사랑하는 것이 절대적으로 필요하다고 강조한 이유를 설명해 준다.

아모스의 예언을 읽을 때에 아모스가 드고아의 목자였다는 단순한 사실을 염두에 두면 그의 예언을 이해하는 데에 도움이 된다. 그러한 사실은 그가 사용한 많은 비유적인 표현들을 설명해 줄 것이다.

만약 에스겔이 성전의 의식(儀式)에 정통해 있었고, 시온의 과거의 영광이 떠나갔다는 사실을 깊이 마음에 새긴 채로 포로로 끌려간 제사장들 중의 한 사람이 아니었다면, 그는 그의 예언을 40-48장에서처럼 쓰지는 않았을 것이다.

2. 화자는 누구인가?

이 항목 아래에서 우리에게 떠오르는 또 하나의 질문은 "화자는 누구인가"라는 것이다. 성경의 저자들은 흔히 다른 사람들을 화자로 내세우는데, 해석자가 저자 자신의 말과 저자가 내세운 화자 또는 화자들의 말을 주의 깊게 구별하는 것은 대단히 중요하다.

역사서에서는 그 구분선이 일반적으로 아주 명확하기 때문에 그 일은 그리 어렵지 않다. 그렇지만 예외들이 있다. 예를 들면, 요한복음 3:16-21에 나오는 말씀이 예수께서 니고데모에게 하신 말씀인지, 아니면 요한이 첨가한 보충설명인지를 결정하는 일은 다소 어렵다.

예언서에서 인간의 말에서 하나님의 말씀으로 갑자기 이행되는 것은 통상적으로 말해지고 있는 내용의 성격과 관련하여 3인칭에서 1인칭으로 인칭이 변화되는 것을 통해서 쉽게 감지된다(cf. 호 9:9, 10; 슥 12:8-10; 14:1-3). 저자와 저자가 상정(想定)한 대적과의 대화도 종종 발견된다. 그러한 경우에는 본문을 주의 깊게 다루어야 한다. 왜냐하면, 올바르게 구별하지 못하게 되는 경우에는 심각하게 잘못된 해석이 나오기 십상이기 때문이다(cf. 말 3:13-16; 롬 3:1-9).

이 때에 다음과 같은 원칙이 꽤 도움이 될 것이다: "뭔가 정반대의 명백한 증거가 나타나기 전까지는 어떤 책의 저자가 곧 화자인 것으로 보아야 한다." 해석자는 저자 또는 기자(記者)와 구별되는 화자가 누구인지를 알았다면 모든 수단을 동원해서 화자에 대한 지식을 늘려가는 데에 초점을 두어야 한다. 아브라함, 이삭, 야곱, 요셉, 사무엘, 욥과 그의 친구들 같은 인물들, 그리고 바리새인, 사두개인, 서기관 같은 어떤 계층의 사람들은 특별한 연구대상이 되어야 한다. 그들을 더 잘 알게 되면 될수록, 그들이 한 말들은 더 잘 이해될 수 있게 된다.

연습문제

다음의 시편들을 다윗의 성품과 경험에 비추어서 해석해 보라: 시 23, 24, 32, 51, 72, 132편. 호세아의 성품과 이력(履歷)은 그의 예언의 성격을 어떤 식으로 결정하였는가? 바울, 베드로, 야고보의 개성은 어떤 점에서 그들 각각의 저작에 흔적을 남기고 있는가? 사 53장, 호 5장과 6장, 시 2편, 22편, 40편에서 화자는 누구인가?

C. 저자의 사회적 상황

사회적 상황이라는 것은 저자에게 특유한 것만이 아니라 그가 그의 동시대인들과 공유하였던 모든 것들을 포괄하고, 따라서 당연히 다소 일반적인 성격을 지닌다.

1. 지리적 상황

기후라든가 일반적인 지리적 상황은 흔히 기자(記者)의 사상, 언어, 표현에 영향을 미치고, 그의 문학적 산물들에 흔적을 남긴다. 그런 까닭에 성경을 해석하는 자는 거룩한 땅, 즉 성경 저자들의 고향인 땅의 지리를 특히 잘 알고 있어야 한다. 해석자는 계절들의 특성, 중요한 바람들과 그 기능, 골짜기와 고지(高地)와 산꼭대기의 기온차 등을 잘 이해하고 있는 것이 중요하다. 그는 그 땅의 산물들에 대해서 어느 정도 지식을 갖고 있어야 한다: 그 땅에서 자라는 나무들과 관목들과 꽃들, 곡물과 채소와 과일들, 야생 동물과 가축들, 그 지역에 고유한 곤충들과 새들. 또한, 그는 산과 골짜기들, 호수와 강들, 성읍과 촌락들, 대로들과 평야들의 특성과 그 위치에 대해서도 잘 알아두어야 한다.

거룩한 땅의 지속적인 특징들을 연구하는 데에는 Robinson, *Biblical Researches*; Thomson, *The Land and the Book*; Stanley, *Sinai and Palestine*; G. A. Smith, *Historical Geography of the Holy Land* 같은 저

작들이 아주 큰 도움이 된다. 그러나 땅의 비옥도, 성읍과 촌락의 위치 등등과 같은 좀 더 가변적인 것들을 살펴보는 데에는 요세푸스(Josephus)와 유세비우스(Eusebius, *Onomasticon*) 같은 이전의 저작들이 더 권할 만하다. 특히 동방 사람들은 일반적으로 자연과 아주 밀접한 관계 속에서 살았고, 자연이 생명으로 충만한 것으로 보았으며, 자연의 상징 체계에 대한 식견을 지니고 있었다는 사실에 비추어 볼 때에 그러한 연구는 필수적이다. 예를 들면, 구주의 강화(講話)들과 비유 이야기들은 자연적인 것과 영적인 것 간의 상징적 관계를 보여주는 주목할 만한 구절들로 가득 차 있다. 주께서는 하나님 나라를 겨자씨(마 13:31-32)에 비유하시고, 이스라엘을 무화과 나무에 비유하신다(눅 13:6-9). 그는 자기 자신을 참 포도나무, 그의 아버지를 농부라고 말씀하신다(요 15:1).

그러므로 해석자가 팔레스타인의 자연적인 특징들, 그 기후와 지지(地誌), 산물들 등을 잘 알아야 한다는 것은 너무도 뻔한 말이어서 일부러 증거를 들 필요도 없다. 그가 헐몬 산의 눈 덮인 정상(頂上)이 그 아래의 골짜기들에서 끊임없이 피어오르는 안개에 어떤 영향을 미치는지를 알지 못한다면, "헐몬의 이슬이 시온의 산들에 내림 같도다"(시 133:3)라는 시편 기자의 말을 어떻게 설명할 수 있겠는가? 그가 레바논과 갈멜과 사론의 울창한 초목과 빼어난 아름다움을 알지 못한다면, "레바논의 영광"이라든가 "갈멜과 사론의 아름다움" 같은 표현들을 어떻게 해석할 수 있겠는가? 또한, 그가 북왕국에서는 병거들이 사용되었지만(왕상 18:44ff.; 22:29ff.; 왕하 5 :9ff.; 9:16; 10:12, 15) 남왕국에는 병거가 없었다는 사실을 무엇으로 설명할 수 있겠는가? 또한, 그가 그 땅의 특성을 잘 알지 못한다면 사울이 다윗을 잡으려고 서로 말하면 들리는 거리 내로 접근해 왔는데도 다윗이 사울을 피하는 데에 성공한 이유를 어떻게 설명할 수 있겠는가? 해석자는 그 땅의 계절들의 특성을 잘 알고 있을 때에만 아 2:11의 "겨울도 지나고 비도 그쳤고"라는 말씀과 마 24:20의 "너희가 도망하는 일이 겨울이 되지 않도록 기도하라"는 말씀 같은 구절들을 해석할 수 있다.

2. 정치적 상황

한 민족의 정치적 상황도 그 민족이 남긴 문헌에 뚜렷한 흔적을 남긴다. 성경도 그러한 것을 보여주는 풍부한 증거들을 담고 있기 때문에, 해석자가 성경 속에서 중요한 역할을 하는 나라들의 정치 조직에 대하여 아는 것은 꼭 필요하다. 그 나라들의 역사, 다른 나라들과의 관계, 정치 제도들은 주의 깊은 연구의 대상이 되어야 한다. 해석자는 이스라엘 민족의 삶에 있어서 정치적 변화들에 각별한 관심을 기울이지 않으면 안 된다.

왜 이스라엘은 모압족과 암몬족을 괴롭힐 수 없었을까라는 질문에 대하여 빛을 비춰줄 수 있는 것은 오직 역사뿐이다(cf. 신 2:9, 19). 솔로몬과 여호사밧 왕 시절에 에돔이 이스라엘에 종속되어 있었다는 역사적 사실은 이 왕들이 어떻게 에돔 땅에 있는 에시온게벨에서 군함들을 지을 수 있었는지를 설명해 준다(왕상 9:26; 22:47-48; 대상 18:13; 대하 8:17-18). 왕하 15:19; 16:7; 사 20:1 같은 구절들은 앗수르의 세력이 점차 강성해져서 그 왕들의 비문이 잘 보여주듯이 그 제국을 확장해나가는 중이었다는 사실을 통해서 설명될 수 있다. 왕하 18:21; 사 36:6에 나오는 랍사게의 말은 히스기야 시대에 유다에는 한 무리의 꽤 영향력 있는 애굽인들이 있었다는 사실(사 30:1-7)에 비추어볼 때에 잘 이해될 수 있다. 포로기 이후의 글들을 해석할 때에는 이스라엘의 정치적 위치와 체제가 근본적으로 변화되었다는 사실을 염두에 두지 않으면 안 된다. 스 4:4-6ff.; 느 5:14-15; 슥 7:3-5; 8:19; 말 1:8 같은 구절들은 당시의 역사에 비추어 볼 때에만 설명될 수 있다.

구약에서 신약으로 눈을 돌려보면, 해석자는 신구약 중간기를 연구하지 않았다면 손을 댈 수 없는 상황에 맞닥뜨리게 된다. 로마인들은 당시의 지배 세력이었고, 이두매 사람들은 야곱의 자손들을 다스리고 있었다. 구약에서는 한 번도 듣도 보도 못한 파당들이 이제 무대의 중심을 차지하고 있다. 유대 민족의 가장 중요한 일들을 결정하는 산헤드린(공회), 실질적으로 제사장들을 대신하여 백성의 교사 역할을 하였던 서기관 계층이 나온다. 따라서 온갖 종류의 질문들이 생겨난다. 유대 나라는 어떤 체제를 갖추고 있었는가? 어떠한 역사의 아이러니(irony) 때문에 이두매 사람들이 유대 민족의 공인된 통치자들이 된 것인가? 로마의 지배권은 유대 정부에 어떠한 제한들을 부과하였는가? 당시에 존재하였던 파당들은 정치적 의미를 지니고 있었는가? 만약 그렇다면, 그 파당들은 무엇을 목표로 삼고 있었는가? 이스라엘의 과거 역사를 연구해 보면, 이러한 질문들에 대한 해답이 나온다. 마 2:22-23; 17:24-27; 22:16-21; 27:2; 요 4:9 같은 구절들은 역사에 비추어 볼 때에만 설명될 수 있다.

3. 종교적 상황

이스라엘의 종교적 삶은 항상 동일한 평면 위에서 움직였던 것도 아니고, 항상 참된 영성을 그 특징으로 하고 있었던 것도 아니었다. 영적으로 상승 곡선을 그리는 시절이 있었다면, 도덕적이고 종교적으로 타락한 시절이 뒤따랐다. 겸손하고 공경하는 심령으로 하나님을 섬겼던 세대가 지나가면 우상을 숭배하거나 위선적으로 입으로만 하나님을 섬기는 것으로 만족했던 세대가 그 뒤를 잇는 일이 반복되었다. 이스라엘 종교의 역사는 전체적으로 보면 진보가 아니라 타락, 진화가 아니라 퇴화를 보여준다.

사사기는 여호와를 섬기는 것과 가나안의 바알을 숭배하는 것이 뒤섞여 있었던 종교적 혼합주의의 시대였다. 사무엘 시대에 선지자 무리는 세력을 얻기 시작하여, 이스라엘 민족의 영적 삶에 좋은 영향력을 행사하였다. 왕정 시대는 남왕국 유다에 있어서는 신앙의 쇠퇴와 부흥이 반복되는 특징을 보여주었다. 산당(山堂) 예배와 종종 행해졌던 극악무도한 우상숭배는 백성을 괴롭혔던 죄였다. 동일한 시기에 북왕국의 전형적인 죄는 송아지 숭배였는데, 이러한 우상숭배는 아합 시대에 페니키아(베니게)의 바알 신인 멜카르트(Melkart) 숭배에 의해서 극에 달하였다. 포로기 이후에 우상숭배는 이스라엘에서 거의 사라졌지만, 유대인들의 신앙은 차가운 형식주의와 죽은 정통교리로 변질되었다.

이러한 것들은 이스라엘 민족의 종교적 삶을 언급하는 구절들을 해석할 때에 고려되지 않으면 안 된다. 또한, 해석자는 모세 율법에 의해서 규율된 이스라엘의 종교적 제도와 실천들을 잘 알아야 한다. 사사기 8:28, 33; 10:6; 17:6 같은 구절들은 당시의 역사에 비추어볼 때에만 설명될 수 있다. 사무엘상 2:13-17에서 기자(記者)는 제사장 엘리의 아들들이 어떤 식으로 율법을 무시하였는지를 역사적으로 설명한다. 여로보암이 단과 벧엘에 왜 송아지 우상을 세웠는가라는 문제는 오직 역사를 살펴볼 때에만 대답될 수 있다. 역사는 유다의 경건한 왕들과 선지자들이 왜 끊임없이 산당 예배와 싸움을 벌이고 있는 반면에, 에브라임의 선지자들은 그러한 관행을 거의 단죄하지 않고 있는가라는 문제에 대답해 준다.

필수적인 역사적 지식 없이는 해석자는 천사가 마노아에게 "이 아이는 하나님께 바쳐질 나실인이 됨이라"(삿 13:7)고 한 말, 예레미야가 힌놈의 골짜기를 "죽임의 골짜기"(렘 19:6; 또한, 7:31-33과 비교해 보라)라고 부른 것, 미가가 "오므리의 율례"(미 6:16)를 언급한 것, 예수께서 문둥병자에게 가서 제사장에게 몸을 보이라고 명하신 것(마 8:4), 그가 "피리 부는 자들과 떠드는 무리"(마 9:23)과 "소와 양과 비둘기 파는 사람들과 돈 바꾸는 사람들"(요 2:14)을 언급하신 것을 이해할 수 없다. 해석자로 하여금 "우리가 그의 죽으심과 합하여 세례를 받음으로 그와 함께 장사되었나니"(롬 6:4), "우리의 유월절 양 곧 그리스도께서 우리를 위하여 희생되셨느니라"(고전 5:7) 같은 표현들을 설명할 수 있게 해주는 것도 바로 역사이다. 해석자는 우리에게 전혀 생소한 관습을 언급하고 있는 고린도전서 15:29 같은 구절을 만날 때에 역사적 지식이 얼마나 중요한지를 깨닫게 된다.

D. 성경의 각 책들에 특유한 상황들

저자의 삶이 이루어진 일반적인 상황들 외에도 그의 저작에 직접적으로 영향을 미친 좀 더 특별한 성격을 띤 몇몇 상황들이 존재한다. 건전한 해석이 되려면 특히 그러한 것들을 고려해야 한다는 것은 두말할 필요가 없다.

1. 최초의 독자들과 청중들

어떤 글이나 강화(講話)를 올바르게 이해하기 위해서는 그것이 특별히 누구를 염두에 두고서 씌어지거나 말해졌는지를 아는 것이 대단히 중요하다. 이것은 성경의 책들 가운데서 예언서들이나 신약의 서신서들 같이 상황에 대응해서 씌어진 책들에 특히 적용되는 말이다. 그러한 책들은 당연히 당시의 독자들의 특별한 상황과 특정한 필요에 맞춰 씌어졌다. 그 책들의 기자(記者)는 당연히 독자들의 지리적 · 역사적 · 사회적 위치, 그들의 직업과 상업 관계들, 그들의 교육적 · 사회적 위치, 그들의 도덕적 · 종교적 특성, 사상과 관련된 그들의 개인적 특질들과 편견들과 독특한 습관들을 고려하였을 것임에 틀림없다. 이러한 것들에 대한 기자의 지식은 그가 쓴 책에 반영된다. 이것은 공관복음서들 간의 차이를 상당 부분 설명해 준다. 갈라디아 교인들의 변절은 바울이 그들에게 쓴 서신이 엄한 어조를 지니고 있는 것을 설명해 준다. 이 이방인의 큰 사도에 대한 빌립보 교인들의 사심 없는 헌신, 이 사도의 가르침을 그들이 충성스럽게 지킨 것은 그들이 당시 죄수로 있었던 바울로부터 받았던 서신을 지배하고 있는 감사와 기쁨의 어조를 설명해 준다.

최초의 독자들의 상황은 그 저작의 전체적인 성격을 결정할 뿐만 아니라, 많은 세부적인 내용들도 설명해 준다. 고린도 교회가 파당을 짓고 분열되어 있는 상황은 바울로 하여금 "만물이 다 너희 것임이라 바울이나 아볼로나 게바나 … 다 너희의 것이요 너희는 그리스도의 것이요 그리스도는 하나님의 것이니라" (고전 3:21-23)고 말할 수밖에 없게 만들었음이 분명하다. 사도는 고린도전서 15:32에서 "내가 사람의 방법으로 에베소에서 맹수와 더불어 싸웠다면" 이라고 말하고 있는데, 이러한 표현 방식은 사람의 방법으로 싸우는 일이 고린도 교인들 사이에서 비일비재하였던 상황을 반영한 것일 가능성이 크다. 직접 디모데에게 할례를 받도록 지시한 바울이 갈라디아 교인들에게는 "보라 나 바울은 너희에게 말하노니 너희가 만일 할례를 받으면 그리스도께서 너희에게 아무 유익이 없으리라"(갈 5:2)고 쓴 것은 갈라디아 교회의 상황을 반영한 것이 아니면 무엇이겠는가? 또한, 바울이 다른 교인들이 아니라 골로새 교인들에게 "그 안에는 신성의 모든 충만이 육체로 거하시고"(골 2:9)라고 쓴 것은 무슨 까닭이겠는가?

최초의 독자들에 대하여 자세한 지식을 갖고 있다면, 그들에게 보내진 글에 나오는 구절들의 의미가 예기치 않은 놀라운 방식으로 풀리는 경우가 흔히 있다. 이와 동일한 원리는 어떤 강화(講話)를 처음 들은 최초의 청중들에게도 그대로 적용된다. 따라서 그들도 특별한 연구의 대상이 되어야 한다.

2. 저자의 목적

성경의 책들을 쓴 기자들은 당연히 어떤 목적을 가지고서 그 책들을 쓴 것이기 때문에, 해석자는 그 책들을 해석할 때에 항상 이 목적을 염두에 두어야 한다. 우리는 기자의 마음이 항상 그 목적에 고정되어 있었고, 기자는 그 목적을 지침으로 삼아서 소재와 내용을 선별하고 생각을 표현하였다고 상정(想定)할 수 있다. 그러므로 기자가 염두에 두고 있었던 목적을 알면, 그 책 전체를 이해하는 데에 도움이 될 뿐만 아니라 세부적인 것들의 의미도 드러나게 된다. 엘리엇(Elliott)이 다음과 같이 말한 것은 옳다: "일단 이 목적을 찾아내면, 축약된 구절들이 완벽하게 복원되고, 모호한 것들의 의미가 분명하게 드러나며, 여러 가지 해석이 가능한 경우에 참된 의미가 어떤 것인지가 감지된다. 기자가 염두에 두었던 목적은 문자적인 것과 비유적인 것, 상대적인 것과 절대적인 것, 주된 사상과 부차적인 사상을 구별해내는 데에 도움이 된다"(*Biblical Hermeneutics*, p.

166).

어떤 저작의 목적을 결정하는 것이 언제나 쉬운 것은 아니다. 어떤 경우에 해석자는 교회의 전승에 의존해야 할 때도 있을 것이다. 하지만, 교회의 전승은 항상 신뢰할 수 있는 것이 아니기 때문에 잠정적으로만 받아들여져야 한다. 또 어떤 경우에는 저자가 그의 책의 목적을 분명하게 밝히는 일도 있다: 솔로몬, 잠 1:2-4; 누가, 눅 1:1-4; 요한, 요 20:31과 계 1:1; 베드로, 벧전 5:12. 또한, 고린도전서, 데살로니가전서, 히브리서처럼 어떤 경우에는 저자가 함께 살았던 최초의 독자들과 당시의 상황, 그 책을 쓰게 만든 계기를 아는 것이 그 책의 목적을 찾아내는 데에 도움이 되기도 한다. 그러나 해당되는 책을 반복해서 읽어야만 그 목적을 찾아내는 데에 도움을 받을 수 있는 경우들도 있다. 자주 반복해서 등장하는 표현들이나 말들이 그 책의 목적을 드러내는 일이 흔하다. 창세기에 10번이나 반복해서 나오는 '엘레 톨레도트' ("이것이 족보니라")라는 도입구(cf. 2:4; 5:1; 6:9; 10:1; 11:10; 11:27; 25:19; 36:1; 37:2)는 창세기가 탄생들 또는 기원(起源)들에 관한 책이라는 것을 보여준다. 요한복음에서 제자들이 그리스도를 믿게 된 방식과 다른 사람들의 불신앙에 대한 언급이 자주 나오는 것은 그 책의 목적을 보여준다(cf. 2:11; 6:64, 68; 7:38; 12:16; 14:1; 16:31; 17:8; 20:29). 또한, 이스라엘과 유다의 왕들이 죽을 때에 그들에 대하여 내려지는 평가는 열왕기가 백성의 정치적 지도자들, 따라서 부수적으로 백성들 자체가 하나님의 신앙 기준에 얼마나 미치지 못하였는지를 드러내기 위해서 씌어진 것이라는 사실을 보여준다.

3. 저자가 책을 쓸 당시의 연령대, 특별한 상황, 사고의 틀은 중요한 고려사항들이다.

우리는 요한은 분명히 너무 나이가 들어서 조리있게 논리적으로 사고를 할 수 없는 때에 그의 첫 번째 서신을 썼다고 주장하는 일부 불경스러운 합리주의자들의 극단적인 발상을 경계하고 주의해야 하지만, 하나님의 성령은 성경의 기자들을 있는 그대로 사용하셨기 때문에, 젊은 기자로 하여금 오래 살아서 완숙한 노년에 이르게 된 자처럼 글을 쓰게 만들거나 나이 든 기자로 하여금 인생의 절정기에 있는 자처럼 글을 쓰게 만들지는 않았다는 것을 명심해야 한다. 인생의 정점을 아직 지나지 않은 자들의 문학적 산물들은 독창성과 활력이 넘치고, 인생의 절정기를 지나서 황혼녘에 다다른 자들이 쓴 글들은 인생과 실천적인 지혜에 대한 중요한 통찰들을 보여준다는 것은 지극히 당연한 일이다. 갈라디아서와 디모데후서를 비교해 보고, 사도행전에 나오는 베드로의 설교들과 그의 두 번째 서신을 비교해 보라. 또한, 모세의 고별사(신 31–32장)와 다윗의 마지막 유언(삼하 23:1–7)을 연구해 보라.

저자의 역사적 상황과 사고의 틀도 그의 저작에 영향을 미쳤다. 이것은 성경의 책들에만 적용되는 것이 아니라, 성경 속에 기록된 설교들과 강화(講話)들에도 적용된다. 다윗이 여호와의 기름 부음 받은 자에 대하여 갖고 있었던 깊은 공경심과 요나단에 대한 지극한 사랑을 고려하지 않는다면, 사울과 요나단이 죽었을 때에 다윗이 읊은 감동적인 비가(悲歌)를 해석하는 것은 불가능하다(삼하 1:19–27). 거룩한 도성의 서글픈 곤경과 이 비탄에 잠긴 선지자의 낙담과 고뇌를 알지 못하는 자가 어떻게 예레미야 애가를 제대로 설명할 수 있겠는가? 시편 137편이 표현하고 있는 생생한 정서와 감동적인 아름다움은 포로로 끌려간 경건한 자들의 마음을 가득 채우고 있었던 예루살렘에 대한 지극한 애착심과 시온에 대한 사무치는 동경(憧憬)을 아는 자만이 이해할 수 있다. 또한, 요 14:16; 빌 1:12–35; 딤후 4:6–18을 참조하라.

그러나 해석자는 성경을 해석할 때에 그가 활용할 수 있는 온갖 역사적 지식을 감사함으로 적용하여야 하지만, 성경 본문의 뜻을 밝혀낼 때에 자신의 상상력을 함부로 남발하여 멋대로 의미를 재단(裁斷)하지 않도록 조심하여야 한다. 순전히 상상력의 산물인 것을 역사적 진리인 양 제시하는 일은 결단코 있어서는 안 된다.

E. 역사적 해석을 위한 도구들

1. 내부의 도구들

성경에 대한 역사적 해석을 위하여 사용할 수 있는 주된 자원들은 성경 자체 속에 있다. 다른 모든 글이나 저작들과는 달리, 성경은 절대적인 진리를 담고 있기 때문에, 성경이 주는 정보는 다른 자료들로부터 부분적으로 수집된 정보보다 더 신뢰할 만하다. 이 말을 명심하라는 주의를 주는 것은 많은 사람들이 하나님의 무오한 말씀보다도 최근의 고고학적 발견들에 의해서 오래된 것들의 목소리들을 더 신뢰하는 경향을 보여주는 오늘날의 상황 속에서 결코 쓸데없는 것이 아니다. 믿음이 있고 양심적인 해석자는 무엇보다도 먼저 이렇게 물을 것이다: **성경은 무엇을 말씀하고 있는가?**

역대하 30:1에서 히스기야 왕은 온 이스라엘과 유다 백성에게 유월절을 지키라고 명한다. 여기서 해석자는 유월절이라는 절기에 대하여 더 많은 것을 알고자 한다면, 요세푸스(Josephus)의 저작이 아니라 출 12:1–21; 레 23:4–14; 민 28:16ff.; 신 16:1–8 같은 성경 구절들로 가장 먼저 눈을 돌려야 한다. 천사가 마노아에게 한 예언을 따라서, 삼손은 나실인이 될 운명이었다(삿 13:5). 그런데, 나실인은 무엇이었는가? 이 질문에 대한 답변은 민수기 6장에서 발견된다. 스바냐는 "말감을 가리켜 맹세하는" 자들에 대하여 심판을 선포한다. 열왕기상 11:5, 7, 33에서는 말감을 암몬족의 신이라고 말하고, 레위기 18:21과 20:2–5에서는 사람들이 인신제사로 말감을 섬겼다는 사실을 보여준다. 신약에서 우리는 사두개파를 만나게 되는데, 이 때에 이 분파의 특징은 무엇이었는에 관한 질문이 생겨난다. 다음의 구절들은 그러한 질문에 대하여 적어도 부분적으로는 대답을 해준다: 마 22:23; 막 12:18; 눅 20:27; 행 23:8. 신약에서는 사마리아인이 반복적으로 언급되기 때문에, 우리에게는 과연 그들이 어떤 사람들인가라는 질문이 생겨나는데, 왕하 17:24–41; 스 4장; 느 4장 같은 구절들을 연구해 보면 그러한 질문은 해결된다.

2. 외부의 도구들

성경에 나오는 자원을 다 살펴보았는데도 여전히 추가적인 정보가 필요한 경우에 해석자는 그가 활용할 수 있는 세속적인 자료들로 눈을 돌려야 한다.

(1) 금석문들. 이러한 것들은 의심할 여지 없이 대단히 중요하다. 금석문들은 상대적으로 잘 알려져 있지 않은 시대들에 관한 역사를 세상에 드러내 주고, 흔히 잘못된 역사적 기사(記事)들을 수정해 주는 데에 기여한다. 그러므로 해석자가 금석문들이 전해주는 정보를 무시하고서 얻어낸 결론은 정당한 것이라 할 수 없다.

a. 구약과 관련된 것. 쐐기문자로 된 금석문들이 가장 중요하다: 창조와 대홍수에 관한 기사들, 텔-엘-아마르나(Tel-el-Amarna)의 토판들, 함무라비 법전, 앗수르와 바빌로니아의 위대한 왕들의 금석문들. 그렇지만, 그러한 것들은 역사적 관점에서 절대적으로 신뢰할 만한 것으로 여겨서는 안 된다. 예를 들면, 왕들에 관한 기사(記事)들은 역사적 진리를 전달하는 것이 아니라 왕들의 위대함을 알리고 칭송하는 것을 목적으로 한 것들로서 많이 과장되어 있다는 것이 오늘날 대체적으로 받아들여지고 있는 견해이다. 빙클러(H. Winckler)와 슈라더(E. Schrader)의 저작들은 이러한 금석문들 중에서 구약의 내용과 관련이 있는 귀중한 것들을 잘 모아 놓고 있다. 영어로 되어 있는 다음과 같은 저작들도 유용하다: Barton, *Archaeology and the Bible*; Naville, *Archaeology and the Old Testament*: Price, *The Monuments and the Old Testament*: Bliss, *The Development of the Palestine Exploration*; Kenyon, *The Bible and Archaeology*; *Noordtzij, Gods Woord en der Feuwen Getuigenis*; Van Deursem, *Het Land van den Bijbel*; Baarslag, *De Bijbelsche Geschiedenis in de Omlijsting van het Oosten*.

b. **신약과 관련된 것들.** 애굽의 파피루스와 도편(陶片)들에 기록된 금석문들, 소아시아에서 발견된 금석문들이 가장 중요하다. 하지만, 전자는 역사적 내용이 들어 있지 않은 것은 아니지만 역사적 가치보다는 언어학적 가치를 지니고 있고, 후자는 신약의 언어보다는 역사와 관련되어 있다. 다음의 저작들은 누구나 쉽게 접근할 수 있는 가장 중요한 저작들 중 일부이다: Deissmann, *Light from the Ancient East*; ibid., *Biblical Studies*; Ramsay의 저작들, 특히, *The Bearing of Recent Discovery on the Trustworthiness of the New Testament*; Cobern, *The New Archaeological Discoveries and their Bearing upon the New Testament*; Kenyon, *The Bible and the Ancient Manuscripts*.

(2) **그 밖의 역사적 저작들.** 이러한 것들 중에서는 요세푸스(Josephus)의 저작들, 즉 그가 쓴 『유대 민족 고대사』(*Antiquities of the Jews*)와 『유대 전쟁사』(*Jewish War*) 등이 압권이다. 요세푸스의 『유대 민족 고대사』의 처음 열 권에는 구약에 나오지 않는 내용이 거의 수록되어 있지 않다. 그의 이 가장 위대한 저작의 진가(眞價)는 제11권에서 발휘되기 시작한다. 제11권부터 저자는 베로수스(Berosus), 다마스쿠스의 니콜라우스(Nicholas of Damascus), 알렉산더 폴리히스토르(Alexander Polyhistor), 메난더(Menander) 등과 같은 많은 자료들을 언급한다. 당연히, 그의 저작의 이 부분이 지닌 가치는 대체로 그가 사용한 자료들에 좌우된다. 그가 그 자료들을 다소 비판적으로 사용하였다는 것은 분명해 보이지만, 그 자료들에 대한 그의 평가가 과연 옳은 것이었는지는 절대적으로 확실한 것은 아니다. 요세푸스는 흔히 그의 서술이 주관적이고 역사적으로 부정확하다는 비난을 받는다. 그렇지만, 그의 저작 가운데서 변증적인 부분에서 그가 어느 정도 유대인 편을 들고 있다는 점은 인정되어야 함에도 불구하고, 전체적으로 보아서 그의 저작은 전적으로 신뢰할 만한 것으로 보인다. 그가 쓴 『유대 전쟁사』는 신뢰할 만하고 매우 귀중한 저작으로 평가받는다. 이 저작에 대한 유일한 비판은 거기에 나오는 숫자들이 흔히 과

장되어 있고 로마인들의 영웅적인 행위들과 너그러운 관용이 지나치게 칭송되고 있다는 것이다.

헤로도토스(Herodotos)가 쓴 역사서는 페르시아 시대를 연구하는 데에 유용하다. 그러나 그를 가장 온건하게 비판하는 자들의 견해를 따르더라도 그의 저작은 항상 신뢰할 만한 것은 아니기 때문에 조심해서 사용해야 한다.

나아가, 탈무드(Talmud)와 랍비들의 저작들은 성경의 역사적 내용을 밝히는 데에 도움이 된다. 라이트푸트(Lightfoot)는 그가 쓴 *Horae Hebraicae et Talmudicae*에 성경의 내용과 관련이 있는 유대인들의 중요한 말들을 수집해 놓았다.

해석자는 이러한 자료들을 연구하면서 종종 그것들이 성경과 모순되는 것처럼 보이는 경우를 종종 만날 수 있다. 그러한 경우에 그는 성경이 잘못되었다고 성급하게 결론을 내리지 말고, 필사의 오류가 있을 수 있기는 하지만 성경은 하나님의 무오한 말씀이라는 것을 항상 명심하여야 한다. 성경 외적인 자료들이 우리가 살펴보고 있는 문제와 관련해서 신뢰할 수 없는 경우도 있을 수 있고, 단지 해당 성경 구절에 대한 잘못된 해석과 모순되는 것일 경우도 있을 수 있다. 그러므로 해석자는 겉보기에 모순되어 보이는 경우들을 만날 때마다 이러한 세속적인 자료들이 과연 진실한 것인지를 검토해 보아야 한다.

그렇게 검토해 보아도 의심할 여지가 없는 경우에는 해석자는 자신의 석의적 견해들을 수정해야 하는 일이 발생할 수도 있지만, 풀 수 없는 난점을 만난 것이거나 겉보기에 신뢰할 만한 세속적인 자료가 성경에 대한 그의 해석이 아니라 성경 자체와 모순이 되는 것일 수도 있다. 그러한 경우에는 오직 하나의 합당한 조치만이 존재할 수 있는데, 그것은 성경의 진술을 신실하게 고수하는 가운데 장차 분명하게 밝혀지기를 인내로써 기다리는 것이다. 사르곤 왕과 벨사살 왕의 경우들이 잘 보여주듯이, 겉보기에 신뢰할 만한 자료가 결국 믿을 수 없는 것으로 밝혀지는 것이 전혀 불가능한 일이 아니다.

연습문제

다음의 구절들을 역사적으로, 즉 지리적 · 정치적 · 종교적 상황에 비추어서 또는 해당되는 책의 목적, 저자가 처한 환경, 저자의 나이 또는 사고의 틀이라는 관점에서 설명해 보라: 창 23:3-16; 신 32:11; 삼상 15:2-3; 삼하 21:1-6; 왕하 17:4; 스 7:21; 느 2:10, 19; 에 3:8; 시 2:6; 9:14; 11:1; 22:16; 29:3-9; 63:1; 99:1; 125:1-2; 잠 29:23; 아 4:16; 사 3:16; 20:1; 호 7:11; 10:5; 욜 1:9; 2:20, 23; 미 3:5-8; 마 1:19; 5:20; 23:37-38; 눅 2:1-3; 13:1; 요 1:21; 고전 10:21; 갈 3:3; 골 2:16-18; 딤후 4:6-8.

제 7 장

신학적 해석

A. 신학적 해석이라는 명칭

해석학에 대하여 글을 쓴 많은 저자들은 문법적 해석과 역사적 해석만으로 성경을 제대로 해석하는 데에 요구되는 모든 것들이 충족된다는 견해를 지니고 있다. 그들은 이 분과학문이 특별한 신학적 성격을 지니고 있다는 것을 보지 못한다. 하지만, 성경의 해석에 있어서 세 번째 요소를 인정할 필요성을 깨닫고 있는 저자들도 있다. 카이퍼(Kuyper)는 성경의 해석에 있어서 신비적 요소를 인정할 필요성을 강조하고(*Theol. Enc.* III, p. 101 v v.), 바빙크(Bavinck)는 성경을 신학적으로 읽어야 한다고 역설한다(*Dogm.* I, p. 471). 클라우젠(Klausen)과 란더러(Landerer)는 신학적 해석에 대하여 말하고, 셀레리에(Cellerier)와 시켈(Sikkel)은 성경적 해석에 대하여 말한다. 그들은 모두 한결같이 성경 특유의 신학적 요소를 제대로 다루어야 하기 때문에 성경을 다른 책들과 동일하게 다루기를 거부한다.

성경은 역사나 이차적인 저자들로는 설명이 되지 않고 오직 제1저자(Auctor primarius)이신 하나님으로만 설명되는 많은 것들을 담고 있다. 순전히 역사적이고 심리적인 고찰들만으로는 다음과 같은 사실들을 설명하지 못할 것이다: (1) 성경이 하나님의 말씀이라는 것; (2) 성경은 유기적인 전체를 이루고 있고, 성경의 각각의 책들은 그 전체 속에 통합된 부분들이라는 것; (3) 구약과 신약은 모형과 원형, 예언과 성취, 배아(胚芽)와 완전히 성장한 것이라는 관계로 서로 연관되어 있다는 것; (4) 성경의 명시적인 진술들만이 아니라 선하고 꼭 필요한 추론을 통해서 성경으로부터 추론될 수 있는 것들도 하나님의 말씀을 구성한다는 것.

이 모든 것에 비추어 볼 때, 통상적으로 행해지는 문법적인 해석과 역사적 해석을 세 번째의 해석으로 보완하는 것은 지극히 정당할 뿐만 아니라 절대적으로 필요하다.

"신학적 해석"이라는 명칭은 그 필요성이 성경의 진정한 저자가 하나님이시라는 사실로부터 도출된다는 것과 하나님의 말씀을 제대로 해석해 내실 분은 궁극적으로 하나님 자신이라는 것을 동시에 보여주는 것이기 때문에 아주 좋은 명칭이라 할 수 있다. 이 단원에서는 다음과 같은 주제들이 다루어져야 한다: (1) 통일체로서의 성경에 대한 해석; (2) 성경의 신비적 의미; (3) 성경이 함축하고 있는 의미들; (4) 신학적 해석을 위한 도구들.

B. 통일체로서의 성경

1. 구약과 신약의 관계

성경의 내용물의 다양성을 강조하는 오늘날의 추세에 비추어 보면, 성경은 하나의 통일체로서 해석되어야 한다는 사실을 특별히 환기시키는 것은 쓸데없는 일이 아니다. 해석자가 부딪치는 첫 번째 질문은 구약과 신약이 서로 어떤 관계에 있느냐 하는 문제이다. 이 문제와 관련해서 이미 과거에 두 가지 상반된 견해가 등장하였고, 이 두 견해는 그 후로 여러 가지 형태로 다시 반복되어 왔다. 한편으로는 유대교를 너무 지나치게 육적인 것으로 보는 반(反)율법주의적인 오류가 존재하였고, 다른 한편으로는 기독교에 너무 지나치게 많은 유대교적인 것을 부과하는 율법주의적인 오류가 존재하였다. 전자는 유대교는 순전히 민족적이고 외적이며 잠정적인 성격을 지닌 것이라고 폄훼하며 기독교를 추켜 세움으로써 구약은 영속적인 효력을 지니지 못한다는 생각을 조장하였다. 후자는 신약을 어느 정도 구약의 질서를 따르고 있는 **새로운 율법**(nova lex)으로 인식하여, 세월이 흐르면서 별개의 제사장단을 제도화하고 제단들을 세워서 제사를 다시 드리며 거룩한 절기와 장소를 구별하는 결과를 가져왔다.

이러한 견해들에 맞서서 우리는 성경의 통일성을 강조하여야 한다. 구약과 신약은 둘 다 하나님의 특별 계시의 본질적인 부분들을 형성한다. 하나님은 이 둘의 저자이시고, 이 둘 속에서 동일한 목적을 염두에 두고 계신다. 이 둘은 구속에 관한 동일한 가르침을 담고 있고, 동일한 그리스도를 전하며, 사람들에게 동일한 도덕적 · 종교적 의무들을 부과한다. 이와 동시에, 이 둘이 담고 있는 계시는 발전을 거듭해서, 명확성과 명료성, 영적인 인식의 정도가 점점 더 커진다. 신약이 구약 속에 함축되어 있었다고 한다면, 구약은 신약 속에서 뚜렷하게 드러나 명시적이 되었다. 그러므로 우리는 이렇게 말한다:

(1) **구약과 신약은 하나의 통일체를 구성한다.**

a. **구속에 관한 가르침은 신약 교회에게나 옛 언약 아래에서 살았던 자들에게나 기본적으로 동일하였다.** 구약의 모형적 요소를 인정하면서도 구약의 제도와 의식(儀式)들 중 다수가 상징적 성격을 띠고 있다는 것을 보지 못하는 자들은 이 점을 망각하고 있는 것이다. 사실, 구약의 예식과 관련된 제도들, 의식들, 여러 가지 일들은 영적인 진리들에 대한 상징들이었음에도 불구하고, 그들은 그러한 의식들과 제도들 속에서 단지 영적인 의미를 지니고 있지 않은 외적인 형태들, 조금밖에는 유익이 없는 육체의 연습들만을 볼 뿐이다. 구약에서 드려진 희생제사들은 그리스도의 속죄의 피를 토대로 한 죄 사함을 말하는 것이었고, 흔히 반복적으로 행해졌던 씻음들은 성령의 정결케 하는 능력을 상징하는 것이었다. 성막 전체도 하나님께로 나아가는 길에 대한 계시였고, 가나안 자체도 하나님의 백성을 위하여

남아 있는 안식에 대한 상징이었다. 다음의 구절들은 이스라엘 백성들이 그들이 행한 의식(儀式)과 예식들이 지닌 영적인 의미를 어느 정도 인식하였다는 것을 증명해 준다: 레 26:41; 20:25-26; 시 26:6; 51:7, 16-17; 사 1:16.

b. **신약에서와 마찬가지로 구약에서 참 이스라엘 사람은 아브라함의 육적인 혈통을 따른 후손들이 아니라 오직 아브라함의 믿음을 공유한 자들이다.** 하나님이 이스라엘을 선택하실 때에 궁극적으로 목표로 삼으신 것은 이스라엘을 하나의 민족으로 구별하는 것이 아니라 일차적으로는 택함받은 족속인 이스라엘과 부분적으로는 주변 민족들로부터 사람들을 모아서 영적인 백성을 형성하는 것이었다. 아주 초창기 때부터 이방인들 중에서 개종자들이 이스라엘에 더해졌다. 솔로몬은 그의 성전 봉헌 기도에서 이방인들도 성전으로 예배하러 올 수도 있다는 사실을 잊지 않았고(왕상 8:41ff.), 선지자들은 이방인들이 보화를 들고서 여호와의 성전을 찾을 때를 기쁜 마음으로 손꼽아 기다렸다.

c. **구약과 신약의 하나님의 백성에게 주어진 특권들과 의무들 간의 차이는 절대적인 것이 아니라 순전히 상대적인 것이었다.** 성경에서는 종종 구약과 신약을 대비시킨다는 말은 맞다. 구약은 율법을 강조하고 신약은 은혜를 강조한다는 사실에 비추어 보면, 얼마든지 그럴 수 있다. 그러나 절대적으로 반대되는 것은 존재하지 않는다. 심지어 구약에서조차도 율법은 은혜의 언약에 봉사하는 것이었다. 그것은 단지 외적인 준칙(準則)에 불과한 것이 아니었다. 경건한 이스라엘 백성들은 그것을 자신의 마음판에 새겨 두었다(시 37:31; 40:8). 그들은 신약의 믿는 자들과 다른 어떤 방식으로 구원을 받은 것이 아니었다. 그들은 동일한 중보자와 동일한 성령을 필요로 하였고, 아주 풍성하게는 아니지만 정확히 동일한 방식으로 은혜의 언약이 가져다 주는 동일한 축복을 받았다. 구약과 신약은 단지 모형과 원형이라는 관계만이 아니라 배아(胚芽)와 꽃, 원시적인 계시와 좀 더 온전한 계시라는 관계 속에서 서로 연관되어 있다.

d. 옛 언약과 새 언약의 규례들은 단지 하나님의 경륜(economy), 그 아래에 놓여 있는 자들의 영적인 상태와 관련된 상대적인 차이들에 의해서 구별될 뿐이다. 구약에서는 할례와 유월절, 희생제사와 결례(潔禮)는 단지 육체에 속한 육적인 제도들, 장차 올 실체의 그림자들이었던 것이 아니라 양심과도 관련되어 있었기 때문에, 거기에 제대로 참여하기 위해서는 예배자 편에서의 믿음이 요구되었다. 히브리서가 말씀하고 있듯이, "이에 따라 드리는 예물과 제사는 섬기는 자를 그 양심상 온전하게 할 수 없었다"(히 9:9)는 것은 지극히 옳다. 그러나 이것은 구약의 제도들이 단지 육체를 깨끗하게 하는 것에 관한 것이었다는 것을 의미하지는 않는다. 그들을 깨끗하게 하는 의식(儀式)들은 속임수, 압제, 사기, 거짓 맹세를 하는 죄를 범한 자에게는 아무 의미도 지닐 수 없었다. 그렇지만, 그러한 죄들에 대한 죄 사함은 하나님이 정하신 의식들을 통해서 얻어질 수 있었다. 이러한 구약의 의식들은 신약의 경륜 속에서 행해진 세례나 성찬과 마찬가지로 영적인 의미를 지니고 있었다. 물론, 구약의 의식들은 장차 있을 예수 그리스도의 온전한 제사와 관련해서만 영적인 의미를 지녔다.

(2) 구약과 신약을 상호적인 관계 속에서 해석할 때에 해석자는 명확히 고려해야 할 것들을 지침으로 삼아야 한다.

a. 구약은 신약을 올바르게 해석하는 열쇠를 제공해 준다. 신약의 내용들은 과거의 오랜 발전과정을 통해 맺어진 열매이다. 예를 들면, 구약은 창조와 인간의 타락, 은혜의 언약이 맺어진 것과 장차 오실 구속주의 예표들에 관한 기사(記事)를 담고 있다. 이 모든 것들은 신약에서 전제되고 있기 때문에, 그것들에 대한 지식은 신약을 제대로 이해하는 데에 선결조건이다. 또한, 구약은 신약에 나오는 구절들을 예시해 주는 데에 기여하는 수많은 구절들을 담고 있다. 요 3:14-15; 롬 4:9-13; 히 13:10-13을 참조하라.

b. 신약은 구약에 대한 주석이다. 구약은 단지 영적인 실체들에 대한 그림자 같은 묘사만을 담고 있는 반면에, 신약은 그 영적인 실체들을 때가

차서 나타난 온전한 빛 아래에서 묘사한다. 구약은 모형들을 담고 있고, 신약은 원형들을 담고 있다. 구약은 예언을 담고 있고, 신약은 성취를 담고 있다. 더 온전한 신약의 계시는 구약의 면면(面面)들을 조명해 준다. 종종 신약의 기자들은 구약의 구절들에 대한 명시적이고 주목할 만한 설명들을 제시해서, 그렇지 않았으면 해석자가 간과해 버렸을 깊은 의미들을 드러내 준다. 행 2:29-31; 마 11:10; 21:42; 갈 4:22-31과 히브리서 전체를 참조하라.

c. 한편으로, **해석자는 구약이 지닌 의미를 지나치게 축소시키지 않도록 주의하여야 한다.** 이것은 이스라엘과 그 종교 제도들, 구약의 하나님의 백성에게 주어진 특권들과 의무들을 지나치게 육적인 것으로 인식하였던 자들이 범하였던 잘못이다. 오늘날에 그것은 구약을 단지 역사적 발전의 산물로 여기고서, 신약이 우리에게 있는 지금에 있어서는 구약은 그 수명을 다하였다고 대담하게 선포하는 많은 자들이 범하는 오류이다.

d. 다른 한편으로, **해석자는 구약에 지나치게 많은 것을 집어넣어서 해석하지 않도록 주의하여야 한다.** 예를 들면, 신약에 계시된 구속 사역과 관련된 세부적인 것들을 구약 속에서 되짚어 찾아내고자 할 때에 이런 일이 벌어진다. 또 한 가지 예는 많은 해석자들이 창세기 3:15을 통해서 개인으로서의 구속주에 대한 약속이 이미 주어졌다고 주장하는 것이다. 석의자가 크게 신경을 써야 할 문제는 하나님께서 어느 특정한 구절 속에서 실제로 어느 정도까지 계시를 하셨느냐 하는 것이다. 이것은 오직 해당 구절을 올바른 문맥 속에서 하나님의 점진적인 계시 중 그 구절이 속한 정확한 단계와 결부시켜서 면밀하게 연구할 때에만 가능해진다.

2. 유기체로서의 성경 안에서 각각의 책이 지닌 의미

(1) **일반적 고찰.** 하나님의 말씀은 유기적 산물이기 때문에, 그것을 구성하는 각각의 책들은 서로 유기적으로 연결되어 있다. 인간 저자들이 성경의 각 책을 쓸 때에 성령이 그들을 지도하였기 때문에, 그들이 쓴 책들

은 서로 보완적이다. 한결같이 그 책들은 하나님이 그의 계획을 따라서 그를 영원히 영화롭게 할 한 백성의 구속을 위하여 그리스도 안에서 이루신 일을 기록하고 있다. 구약은 무엇보다도 하나님이 한 민족으로서의 이스라엘을 형성하시고 인도하심을 통해서 이 일을 이루어나가시는 것을 역사적으로 드러내 준다. 시가서들과 지혜서들은 하나님의 백성의 영적인 경험들과 실제적인 삶 속에서 하나님의 그러한 역사(役事)가 어떤 열매를 맺었는지를 보여준다. 선지자들은 하나님의 그러한 역사를 하나님의 영원한 모략의 빛 아래에서 보고서, 이스라엘 백성이 하나님의 요구를 따라 살아가는 데에 실패했다는 것을 강조하고, 경건한 자들의 소망을 미래로 돌려 놓는다. 이와 비슷한 발전과정이 신약을 관통한다. 복음서와 사도행전은 그리스도 안에서의 구속 사역에 관한 내력(來歷)를 담고 있다. 서신서들은 이 구속 사역이 교회들의 삶과 경험 속에 어떤 결과를 가져왔는지를 보여준다. 요한계시록은 하늘의 빛 아래에서 그 최종적인 결말을 보여준다.

(2) **구체적인 예들.** 이러한 일반적 고찰은 성경의 각각의 책은 성경 전체와 어떤 관계에 있는가라는 질문을 불러온다. 이 질문에 대한 대답은 각각의 책들을 성경의 주도적인 사상들과 관련하여 면밀하게 연구할 때에만 찾아질 수 있다. 해석자는 단지 각각의 책이 저자의 동시대인들을 위하여 어떠한 메시지를 담고 있었는지만이 아니라 어떠한 영속적인 가치를 지니고 있고, 어떠한 하나님의 말씀을 이후의 모든 세대들에게 전하고 있는지를 찾아내는 것을 목표로 삼아야 한다. 예시(例示)를 위해서 성경의 몇몇 책들의 지배적인 사상들을 잠깐 살펴보자. 창세기는 종말의 때까지 모든 세대에게 사람이 하나님의 형상을 따라 창조되었다는 것, 죄가 세상에 들어왔다는 것, 하나님의 구속의 은혜가 최초로 계시되었다는 것에 대하여 말해준다. 출애굽기는 모든 세대에게 피 흘림을 통한 구원에 관한 가르침을 알게 해주고, 레위기는 죄악된 인간이 어떻게 해야 하나님 앞에 나아가서 그의 거룩한 임재 앞에 설 수 있는지를 가르친다. 민수기는 하

나님의 백성의 순례길을 묘사하고, 신명기는 하나님께 순종하는 삶에 주어지는 축복과 신실하지 않은 자들을 기다리고 있는 저주를 보여준다. 욥기는 하나님의 백성의 삶 속에서 고난이라는 문제에 대한 해법을 제시하고, 시편은 하나님의 백성의 영적 체험들 — 그들의 고군분투와 승리, 기쁨과 슬픔 — 에 대한 통찰을 제공한다. 이사야서가 자기 백성에 대한 하나님의 사랑을 묘사한다면, 예레미야서는 하나님의 의(義)에 대한 계시를 제시한다. 에스겔서는 열방 중에서 자기 이름을 거룩하게 하실 여호와의 거룩하심을 강조하는 반면에, 다니엘서는 세상의 만왕 위에 높아지실 여호와의 영광을 드러낸다. 갈라디아서에서 바울은 구약의 의식(儀式)존중주의와 반대되는 하나님의 백성의 자유를 변호한다. 바울은 에베소서에서는 교회의 하나됨을 강조하지만, 골로새서에서는 교회의 머리이신 그리스도를 찬송한다.

해석자가 성경의 각 책들을 이러한 지배적인 사상들을 염두에 둔 채로 연구한다면, 그는 예를 들어 바울과 야고보가 상반되는 교리들을 가르치지 않고 있고, 단지 동일한 진리를 서로 다른 관점에서 바라보고 있는 것이기 때문에 둘은 서로 상호보완적이라는 것을 아는 데에 큰 도움을 받을 수 있다.

C. 성경의 신비적 의미

성경의 신비적 의미에 대한 연구를 행할 때에 반드시 지켜야 할 주의사항을 지금까지는 언제나 제대로 지켜왔던 것은 아니다. 어떤 해석자들은 성경의 모든 부분은 그 문자적 의미 외에 신비적 의미도 가지고 있다는 얼토당토 않은 주장을 옹호해 왔다. 또 어떤 해석자들은 그러한 얼토당토 않은 주장에 진저리가 나서, 신비적 의미가 존재한다는 것 자체를 아예 부정해 버리는 극단으로 치닫기도 하였다. 하지만, 좀 더 주의 깊은 학자들은 성경의 어떤 부분들은 신비적 의미를 가지고 있고, 그런 경우에 그 신비적 의미는 하나님의 말씀의 이차적인 의미인 것이 아니라 진정한 의미인 것이라는 중도적인 입장을 견지해 왔다. 신비적 의미를 인정하는 것이 꼭 필요하다는 것은 신약이 종종 구약을 해석하는 방식을 보면 아주 명백해진다. 이와 관련해서 터피(Turpie)의 저작들인 *The New Testament View of the Old*와 *The Old Testament in the New*, 스콧(J. Scott)의 *Principles of New Testament Quotation*과 존슨(F. Johnson)의 *The Quotations of the New Testament from the Old* 같은 저작들이 많은 도움을 준다.

1. 신비적 의미를 찾아내기 위한 지침들

카이퍼(Kuyper) 박사는 해석자는 신비적 의미를 발견해내고자 할 때에 다음과 같은 것들을 명심하여야 한다고 말한다:

(1) **성경 자체 속에 신비적 의미의 단서들이 들어 있다.** 예를 들면, 신약이 구약의 몇몇 구절들을 메시야적으로 해석하고 있는데, 그렇게 함에 있어서 그러한 구절들 속에 신비적 의미가 들어 있다는 것을 보여줄 뿐만 아니라 관련된 구절들 전체를 비슷한 방식으로 해석하여야 한다는 것을 은연중에 암시하고 있다는 것은 잘 알려져 있다.

(2) **삶 전체는 유기적으로 연관되어 있기 때문에, 삶의 여러 부분들 간에는 상징적인 관계가 존재한다.** 자연 세계는 영적인 세계와 상징적으로 연관되어 있고, 지금 우리가 살고 있는 삶은 베일에 가려져 있는 장차 있을 삶의 영광들과 상징적으로 연관되어 있다. 그래서 바울은 에베소서 5장에서 혼인을 그리스도와 교회의 관계를 보여주는 신비라고 말한다.

(3) **역사는 실사모형(diorama)적인 통일성을 그 특징으로 하기 때문에, 비슷한 사건들이 약간씩 변화되어서이긴 하지만 자주 다시 나타나고, 이러한 반복들은 정도 차이는 있지만 모형적으로 연관되어 있다.** 이스라엘은 하나의 모형 역할을 했던 백성이었기 때문에, 저 유서깊은 하나님의 백성의 역사 속에는 모형적인 요소들이 풍부하게 존재한다. 이것은 신약에 나오는 많

은 구약 인용문들, 갈라디아서 4:22-31 같은 구절들, 히브리서 전체에 의해서 분명하게 증명된다.

(4) 개인의 삶과 공동체의 삶 간의 밀접한 연관관계는 서정시들 속에서 분명하게 드러난다. 서정 시편들에서 거룩한 시인들은 고립된 개인이 아니라 공동체의 일원으로서 노래한다. 그들은 하나님의 백성의 기쁨과 슬픔 — 이것은 궁극적으로 교회를 하나로 묶는 끈이신 그리스도의 기쁨과 슬픔이다 — 에 동참하여 함께 나눈다. 이것은 시인과 공동체와 메시야를 번갈아 노래하는 시편들을 통해 분명하게 드러난다.

2. 신비적 의미의 범위

성경의 신비적 의미는 성경의 어느 한 책이나 예언 같은 하나님의 계시의 기본적인 형태들 중 어느 하나에 국한되지 않고, 예언서와 역사서, 시가서 등 성경의 여러 책들에서 발견된다. 신비적 의미가 지니는 특징은 다음과 같은 것들에 대한 간략한 논의를 통해서 가장 잘 부각될 수 있다: (1) 상징적 · 모형적 성경 해석; (2) 예언 해석; (3) 시편 해석.

D. 상징적 · 모형적 성경 해석

하나님은 말씀만이 아니라 사실들을 통해서도 스스로를 계시하셨다. 이 둘은 함께 가고 상호보완적이다. 말씀은 사실을 설명해 주고, 사실은 말씀에 구체적인 형체를 부여한다. 이 둘의 완전한 종합은 그리스도에게서 발견된다. 왜냐하면, 그리스도에게서 말씀이 육신이 되었기 때문이다. 성경에 기록된 구속사에 관한 모든 사실들은 바로 저 위대한 사실을 중심으로 한다. 구약 계시의 여러 흐름들은 그 사실을 향하여 수렴되고, 신약 계시의 여러 흐름들은 그 사실로부터 퍼져나간다. 성경의 여러 서사(敍事)들은 오직 그것들을 하나로 묶는 중심이신 예수 그리스도 안에서만 설명될 수 있다. 해석자는 어떤 서사가 구속사의 저 위대한 중심적인 사실과 어떤 관계에 있는지를 알아낼 때에만 그 서사를 제대로 이해할 수 있다.

이러한 것들로부터 도출되는 결론은 해석자는 단지 성경의 서사 자체에 대한 이해만으로 만족해서는 안 된다는 것이다. 그는 아브라함의 부르심, 야곱의 씨름, 이스라엘이 애굽에서 구원받음, 다윗이 왕위에 오르기 전에 깊은 낮아짐을 통과한 것 등과 같은 사실들의 밑바닥에 있는 의미를 찾아내야 한다. 이스라엘의 역사가 지니는 상징적이고 모형적인 성격이 제대로 다루어져야 한다. 또한, 성경에 나오는 이적들을 해석할 때에 그 이적들이 구속 사역과 밀접하게 연결되어 있다는 것을 잊어서는 안 된다. 그 이적들은 그리스도의 구속 사역을 상징하기도 하고, 장차 다가올 세대의 축복들에 대한 예표이기도 하다. 한 마디로 말해서, 해석자는 역사상의 사실들이 구속과 관련된 하나님의 계시의 일부로서 지니는 의미를 알아내야 한다는 것이다.

1. 사실들은 상징적 의미를 지닐 수 있다. 역사적 사실들 또는 사건들은 영적인 진리의 상징으로서의 역할을 할 수 있다. 상징(헬라어 '쉰' 과 '발로' 에서 유래한 말)은 이미지(image)가 아니라 어떤 다른 것을 가리키는 표적(sign)이다. 성경에 나오는 서사들은 많은 경우에 있어서 바로 그러한 의미에서의 상징이다. 이것을 보여주는 한두 가지 예를 들어보자. 야곱이 천사와 씨름한 일은 창세기 32:24–32에 기록되어 있고 호세아 12:2–4에서 다시 언급된다. 이 사건의 의미는 무엇인가? 이 사건은 야곱은 하나님의 약속들을 상속할 자로 정해져 있었는데도 자신의 힘과 꾀를 동원해서 지금까지 내내 하나님과 씨름하여 성공을 쟁취하고자 애썼지만 이제 환도뼈가 부러지는 일을 당하고나서야 지금까지 스스로 뭔가를 이루고자 하고 하나님에게 저항했던 자신의 지난 세월이 헛된 것이었고 그가 여호와의 축복을 얻기 위해서는 영적인 무기들, 특히 기도라는 무기를 사용해야 한다는 가르침을 받게 되었다는 사실을 상징하는 사건이라는 것을 깨달을 때에만 우리는 그 사건의 의미를 제대로 이해할 수 있게 된다. 하나

님의 능력이 야곱 속에 뚜렷하게 나타나기 위해서는 야곱의 힘은 꺾여야 했다.

또한, 구주의 이적들 중 하나를 살펴보자. 요한복음 6:1-13에 의하면, 예수께서는 이적을 통해서 5,000명이 넘는 무리를 먹이셨다. 이 이적을 단지 주님의 전능하심을 보여주는 증거로 여기는 것은 당시의 유대인들과 마찬가지로 이 이적의 핵심을 놓치는 것이다. 당시의 유대인들은 이 이적이 하늘에서 내려오신 떡인 예수께서는 사람들의 주린 영혼들을 얼마든지 만족케 하실 수 있다는 것을 보여주는 표적이라는 사실을 보지 못하였다. 그리스도께서는 친히 이튿날 가버나움에서 하신 말씀 중에서 이 이적의 의미를 분명하게 밝히신다. 성경의 이적들은 흔히 영적인 진리에 대한 상징들이다. '세메이아' ("이적, 표적")라는 명칭 자체가 바로 그런 것임을 가리키고 있고, 복음서의 몇몇 구절들은 이것을 아주 분명하게 보여준다. 요 9:1-7, 특히 5절; 11:17-44, 특히 25-26절을 참조하라.

2. 사실들은 모형적 의미를 지닐 수 있다. 아브라함이 자신의 독자 이삭을 모리아 산에서 제물로 바쳤을 때에 그것은 모형적인 행위였다. 다윗은 신정(神政) 정치의 왕으로서 분명히 그의 위대한 자손인 그리스도의 모형이었다. 광야에서 들려진 뱀은 그리스도께서 십자가 위에 들리게 되실 것을 보여주는 것이었다. 대제사장이 일 년에 한 번씩 백성의 죄를 속하기 위해서 지성소에 들어간 것은 그리스도께서 때가 차서 자신의 피를 가지고서 하늘 성소로 들어가셔서 영원한 구속을 이루실 것을 예표하는 것이었다. 성경에서 중요한 위치를 차지하는 모형들과 관련해서 다음과 같은 두 가지 질문이 생겨난다: (1) 모형이란 무엇인가? (2) 모형을 해석할 때에 어떤 원칙들이 적용되는가?

(1) 모형의 특성. 모형이란 무엇인가? 이 질문에 대한 올바른 대답을 알면, 우리는 한편으로는 모형적 요소를 지나치게 제한하는 오류, 다른 한편으로는 모형적 요소를 부당하게 확대하는 오류, 이렇게 두 가지 오류에

서 벗어날 수 있다. "모형"(헬라어 동사 '튑토' 에서 유래한 '튀포스')이라는 말은 (1) 타격의 흔적, (2) 형판(型板)에 의해서 만들어진 압인(押印)이나 자국 — 그러니까 형상 또는 이미지, (3) 본보기 또는 본(pattern) — 이것은 성경에서 가장 흔히 사용되는 의미이다 — 을 가리킨다. 모형이나 상징은 둘 다 어떤 다른 것을 가리킨다. 하지만, 이 둘은 몇 가지 중요한 점들에서 서로 다르다. 상징은 어떤 다른 것의 표시(表示) 또는 표상(表象)인 반면에, 모형은 어떤 다른 것의 본(本) 또는 이미지이다. 상징은 과거, 현재, 미래의 것을 가리킬 수 있지만, 모형은 언제나 미래의 실체를 미리 나타낸다. 데이빗슨(Davidson)은 이렇게 말한다: "상징은 도덕적 진리를 가르치는 사실이다. 모형은 도덕적 진리를 가르치면서 그 진리가 장차 실제로 실현될 것을 예고하는 사실이다"(*Old Testament Prophecy*, p. 229). 성경에 나오는 모형들은 모두 한 종류의 것이 아니다. 모형적인 인물들, 모형적인 장소들, 모형적인 사물들, 모형적인 의식(儀式)들, 모형적인 사실들이 존재한다. 테리(Terry)에 의하면, 모형에 있어서 기본적인 개념은 "구약의 어떤 인물들, 사건들, 제도들이 신약에 나오는 상응하는 인물들, 사건들, 제도들에 대하여 지니는 미리 예정된 대표의 관계(representative relation)"이다(*Biblical Hermeneutics*, p. 246).

모형론은 일반적으로 다음과 같은 세 가지 특징을 지닌다: (1) 모형(type)과 원형(antitype, 또는 대형[對型]이라고도 함) 간에는 어떤 주목할 만한 실제적 유사점이 존재하여야 한다. 다른 어떤 차이들이 존재한다고 할지라도, 모형은 어떤 특징적인 점에 있어서 원형에 대한 참된 모사(模寫)여야 한다. (2) 모형은 하나님의 정하심에 따라서 원형과의 유사성을 지니도록 계획되어 있어야 한다. 구약과 신약의 인물 또는 사건 간에 우연적인 유사성이 존재한다고 해서 모형과 원형의 관계가 성립되는 것은 아니다. 하나님께서 모형과 원형의 관계로 정하셨다는 것을 보여주는 성경적 증거가 존재하여야 한다. 이것은 신약에서 명시적으로 모형이라고 지칭하지 않은 것은 그 어떤 것도 모형으로 보아서는 안 된다고 주장한 마쉬(Marsh)의 입장과 다르다. 만약 마쉬의 잣대가 옳다면, 그는 왜 그 잣대를 구약의 예언들에도 적용하지 않는 것인가? (3) 모형은 언제나 장래의 것을 미리 나타내는 것이어야 한다. "성경적인 모형과 장래를 예고한 예언은 내용에 있어서는 동일하고 오직 형식에 있어서만 다를 뿐이다"라고 말한 무어헤드(Moorehead)의 말은 옳다(*The International Standard Bible Encyclopaedia*에 실린 "Type"에 관한 항목). 이 점에서 모형은 상징과 다르다. 하지만, 명심해야 할 것은 구약의 모형들은 동시대인들에게 영적인 진리들을 전한 상징들이기도 하였다는 사실이다. 따라서 모형적인 의미를 확인하기 전에 상징적 의미를 먼저 이해할 필요가 있다.

(2) 모형의 해석. 상징과 모형을 해석할 때에는 비유 이야기들(parables)을 해석할 때에 적용된 것과 동일한 일반 원칙들이 적용된다. 따라서 그 일반 원칙들을 참고하면 된다. 그러나 모형을 해석할 때에 명심해야 할 몇 가지 특별한 고려사항들이 있다.

a. 해석자는 그 자체로 악한 어떤 것을 선하고 순수한 어떤 것에 대한 모형으로 보는 잘못을 저지르지 않도록 조심하여야 한다. 모형과 원형 간에는 부합성(congruity)이 존재하여야 한다. 야곱이 자기 아버지를 속여서 축복을 받을 때에 입었던 에서의 옷을 그리스도께서 그의 성도들에게 입혀 주시는 의(義)를 가리키는 모형이라고 하는 것은 우리의 도덕의식에 거슬린다. 물론, 원형의 나쁜 점들(in malam partem)을 보여주는 모형들도 존재한다(cf. 창 4:22-31).

b. 구약의 모형들은 상징임과 동시에 모형이었다. 왜냐하면, 그것들은 무엇보다도 먼저 영적 진리들을 나타내는 상징들이었기 때문이다. 이러한 상징들이 동시대인들에게 나타낸 진리는 그것들이 모형으로서 예표하고 있었던 것과 동일하였다 — 물론, 그 진리는 장차 실현될 때에 더 높은 차원으로 승화되게 되어 있었지만. 그래서 어떤 모형을 제대로 이해하고자 한다면, 먼저 그것이 상징으로서 하고 있는 역할을 철저히 연구하여야 한다. 무엇보다도 먼저, 구약의 상징들이 이스라엘 백성에게 어떠한

도덕적 또는 영적 진리를 전해 주었는가라는 질문이 해결되어야 한다. 해석자는 바로 이 질문을 만족스럽게 해결한 후에야 이 진리가 신약에서 어떻게 더 높은 차원에서 실현되었는가라는 그 다음 질문으로 넘어가야 한다. 그러면 그 모형을 어떠한 제한과 한계 안에서 해석해야 할지가 확정된다. 만약 이러한 과정을 거꾸로 밟아서, 신약에서 그 모형이 실현된 것을 출발점으로 삼아서 연구를 진행한다면, 온갖 종류의 자의적이고 허구적인 해석들로 빠지게 된다. 예를 들면, 몇몇 해석자들은 놋뱀이 별로 좋지 않은 금속으로 만들어졌다는 사실은 그리스도의 초라한 겉모습 또는 비천한 모습에 대한 비유이고, 놋뱀이 견고하다는 사실은 그리스도의 신적인 힘에 대한 상징이며, 놋뱀이 광채가 별로 나지 않는다는 사실은 그리스도께서 인성(人性)이라는 베일을 쓰신 것에 대한 예표라고 주장하였다.

c. 그러나 어떤 모형이 상징으로서 지니고 있었던 의미에 대한 연구를 통해서 구약의 하나님의 백성에게 전해 주었던 정확한 진리를 안 후에는 해석자는 그 모형이 나타내었던 진리에 대한 진정한 통찰을 얻기 위해서 신약으로 눈을 돌려야 한다. 구약의 모형들은 진리를 베일에 가려진 형태로 제시하는 반면에, 신약에서 드러난 원형들(실체들)은 그 그림자들을 다 몰아내고 그 진리를 희미한 것이 조금도 없는 광채를 내뿜도록 만든다. 예언은 그 성취된 것에 비추어 볼 때에만 온전히 이해될 수 있다고 한다면, 그 말은 모형에도 그대로 적용된다. 히브리서가 성막과 그 설비들에 구체화되어 있던 진리들을 얼마나 더 뚜렷하게 분명하게 조명해 주고 있는지를 생각해 보라.

d. 복합적인 성격을 지니고 있지 않은 모형들은 오직 하나의 근본적인 의미만을 지닌다는 것은 기본원리이다. 그러므로 해석자는 어떤 모형의 의미를 다중적으로 해석할 자유를 갖고 있지 않다. 예를 들면, 홍해를 통과한 사건을 세례의 모형으로 보고서, (a) 하늘의 가나안으로 가는 안전한 길을 제공하는 그리스도의 속죄의 피와도 연관시키고, (b) 그리스도께서

자기 백성을 영원한 안식으로 이끄실 때에 통과하게 하시는 시련들과도 연관시키는 것은 옳지 않다. 아울러 명심해야 할 것은 몇몇 모형들은 신약에서 한 번이 아니라 그 이상 성취되었을 수 있다는 것이다 — 예를 들면, 그리스도에게서 한 번, 그리스도와 유기적으로 연결되어 있는 백성에게서 한 번. 하나님이 이스라엘 가운데 거하신 것은 하나님이 그리스도 안에서 사람들 가운데 거하시게 될 것과 그리스도의 성도들의 회중 가운데 거하시게 될 것을 보여주는 모형이었다. 이 두 사상은 기본적으로 동일하기 때문에 정확히 서로 맥을 같이 한다.

e. 끝으로, 모형과 원형의 근본적인 차이를 제대로 주목할 필요가 있다. 모형은 낮은 단계에서 진리를 나타내고, 원형은 높은 단계에서 그 동일한 진리를 나타낸다. 모형에서 원형으로 넘어가는 것은 육적인 것이 우세하였던 것에서 순전히 영적인 것으로, 외적인 것에서 내적인 것으로, 현재에서 미래로, 땅의 것에서 하늘의 것으로 승화되는 것이다. 로마 가톨릭은 이 점을 보지 못하고서, 구약의 희생제사들의 원형을 미사(mass)에서 찾고, 구약의 제사장 제도의 원형을 사제들과 주교들의 사도적 계승 속에서 찾으며, 구약의 대제사장의 원형을 교황에게서 찾는다.

연습문제

다음에 나오는 것들의 상징적 의미는 무엇이었는가? 구름 기둥과 불 기둥(출 13:21); 가데스바네아에서 이스라엘의 불신앙과 배척에 관한 이야기(민 14장); 요단 강을 건넌 일(수 3장); 마른 뼈들의 부활(겔 37:1–14); 호세아의 혼인(호 1장); 더러운 옷을 입은 대제사장 여호수아(슥 3장); 성전을 깨끗하게 하심(요 2:13–25); 날 때부터 맹인인 사람을 고치심(요 9장); 나사로를 다시 살리심(요 11장); 방언을 주심(행 2장).

다음에 나오는 것들의 모형적 의미는 무엇이었는가? 유월절; 성막; 번제단; 금촛대; 대제사장; 안식일; 대속죄일의 특별한 예식; 모세; 여호수아; 다윗; 솔로몬.

E. 예언의 해석

예언을 연구할 때에 해석자는 해석상 가장 어려운 몇 가지 문제들에 부딪친다. 이러한 문제들은 부분적으로는 예언 자체가 지닌 성격에서 오고, 부분적으로는 예언을 표현할 때에 사용된 양식(樣式)에서 온다. 우리가 주의해서 피해야 하는 예언에 대한 두 가지 상반된 견해가 있다. 하나는 버틀러(Butler)가 최초로 주장하였고 오늘날 많은 분파들이 채택하고 있는 것으로서 "예언은 그것이 성취되기 전에는 사건들의 역사에 지나지 않는다"는 견해이다. 이러한 관점에서 보면, 예언은 거룩한 역사처럼 연구되어야 하고, 예언의 문자적 성취도 자신있게 기대될 수 있다.

또 하나의 견해는 많은 합리주의자들의 견해로서 장래의 일을 예고하는 예언은 위대한 정치인들이 흔히 지니고 있는 것과 같은 육감 또는 선견지명의 결과라는 것이다. 극단주의자들은 심지어 그러한 예언의 존재를 아예 부정하고, 예언처럼 보이는 것들은 사실 **사후 예언**(vaticinia post eventum), 즉 사건이 일어난 후에 예언이라는 형식을 빌려서 그 사건을 말하는 것에 불과한 것으로 여긴다. **예언은 하나님이 계시하신 것을 선포한 것으로 간단히 정의될 수 있다.** 선지자는 하나님에게서 특별한 계시들을 받은 후에, 그것들을 백성에게 전하였다. 이 계시들은 과거를 설명해 주고 현재를 밝혀주며 미래를 드러내는 역할을 하였는데, 그 관심은 항상 하나님의 나라 또는 그리스도를 통한 구속 사역을 중심으로 하였다. 선지자들은 꿈, 묵시(환상), 내면의 암시, 직접적인 말씀을 통해서 하나님의 모략(council)에 대한 통찰을 받았다. 그들은 단순한 선포나 자기가 본 꿈과 묵시에 대한 서술이나 상징 행위들을 통해서 자기가 받은 메시지를 백성들에게 전하였다. 특별히 살펴보아야 할 것은 다음 두 가지이다: (1) 예언의 특징들, (2) 예언의 해석을 위한 원칙들.

1. 예언의 특징들

다음은 해석자가 명심해야 할 예언의 가장 중요한 특질들이다.

(1) **예언 전체는 유기적 성격을 지닌다.** 예언이 지닌 장래를 예고하는 요소를 부정하는 것이나 예언을 단지 경구(警句)적 예고들의 모음쯤으로 여기는 것은 둘 다 잘못된 것이다. 선지자들은 언제나 구체적인 사실들(particular facts)을 예고하는 것이 아니라, 흔히 점진적으로 실현될 일반적인 관념들(general ideas)을 선포한다. 메시야와 관련된 예언들 속에서 볼 수 있듯이, 가장 중요한 몇몇 예언들은 처음에는 일반적인 말들로 표현되지만, 하나님의 점진적인 계시의 과정 속에서 그 예언의 명확성과 구체성이 증가한다. 그것은 싹이 점차 자라나서 아름다운 꽃이 되는 과정을 연상시킨다.

(2) **예언은 역사와 밀접하게 연결되어 있다.** 예언을 제대로 이해하기 위해서는 그 역사적 배경 속에서 보지 않으면 안 된다. 선지자들은 무엇보다도 먼저 동시대인들을 위한 메시지를 전한 것이었다. 선지자들은 옛 하나님의 백성이 가야 할 길들을 인도하고 배교의 위험을 막아내기 위해서 시온의 성벽에 선 파수꾼들이었다. 선지자들을 그들의 주변 환경과의 생생한 접촉이 없이 살았던 관념적인 인물들로 여기는 것은 과거에 자주 저질러졌던 잘못이다. 오늘날에는 시계추가 정반대 방향으로 움직이고 있어서, 예언서에 나오는 모든 것은 역사로 설명될 수 있다는 생각을 경계할 필요가 있다. 옛적의 선견자는 흔히 역사의 한계를 뛰어넘는 역사적 계기들을 발견하곤 하였다.

(3) **예언은 그 자체의 특유한 관점을 지니고 있다.** 시간이라는 요소는 예언서들에서는 어느 정도 무시할 수 있는 것이었다. 예언서들에는 때를 규정하고 시간을 밝힌 것이 아주 없지는 않지만, 그 수가 놀라울 정도로 적다. 선지자들은 큰 사건들을 짧은 시간 속에 압축하여 놓았고, 중대한 움직임들을 시간적으로 촘촘하게 결합시켜 놓았으며, 그러한 것들을 일거에 일어나는 것으로 묘사하였다. 이것은 "예언적 관점"이라 불리고, 델리

취(Delitzsch)의 표현에 의하면 "선지자의 지평 단축"(the foreshortening of the prophet's horizon)이라 불린다. 선지자들은, 여행자가 멀리 있는 하나의 산맥을 바라보듯이 미래를 바라보았다. 여행자는 하나의 산 꼭대기가 또 하나의 산 바로 뒤에서 솟아올라 있다고 상상하지만, 사실 그 두 산은 서로 멀리 떨어져 있다. 여호와의 날, 그리스도의 두 번의 강림에 관한 예언들을 참조하라.

(4) **예언들은 흔히 조건부적이다.** 즉, 예언들의 성취는 많은 경우에 사람들의 행위 여하에 의해서 좌우된다. 몇몇 학자들은 모든 예언이 조건부적 성격을 지닌 것으로 보고, 상당수의 예언이 성취되지 않은 이유를 거기에서 찾았다. 그러나 이것은 잘못된 견해이다. 이러한 조건부적 성격은 오직 가까운 미래와 관련되어 있어서 선지자의 동시대인들의 행위를 조건으로 달 수 있는 그러한 예언들에만 적용될 수 있다. 따라서 먼 미래와 관련된 예언들은 사안의 성격상 그런 조건을 달 수 없었다. 우리가 주의해야 할 것은 어떤 예언은 그 조건이 명시적으로 표현되어 있지 않은데도 조건부적일 수 있다는 것이다. 렘 26:17-19; 왕상 21:17-29; 욘 3:4, 10을 참조하라.

(5) **선지자들은 흔히 상징적으로 표현하기는 하지만, 그들이 사용한 언어를 다 상징적인 것으로 보는 것은 잘못이다.** 예언에 대하여 글을 쓴 몇몇 저자들이 주장하는 것과는 달리, 선지자들은 일종의 상징적인 언어를 구축하고서 습관적으로 거기에 의존하여 그들의 사상을 표현한 것이 아니었다. 심지어 페어베언(P. Fairbairn)조차도 이러한 오류에 빠져서, "구약과 요한계시록에 나오는 예언들 속에서 열방(nations)은 세상의 왕국들을 가리키는 통상적인 명칭이고, 별들은 통치 세력들을, 사납게 파도치며 큰 소리를 내는 바다는 소동하는 열방을, 나무들은 지체 높은 자들을, 풀은 사회의 낮은 계층들을, 흐르는 시내물들은 삶을 살고 힘을 얻는 데에 필요한 것들을 가리키는 통상적인 명칭이다"(*On Prophecy*, p. 143)라고 말한다. 데이빗슨(Davidson)의 입장을 취하는 것이 더 안전하다: "요엘이 메

뚜기 떼에 관하여 말할 때에 그의 말이 의미하는 것은 바로 그러한 곤충들이다. 그가 해와 달과 별들에 관하여 말할 때에 그의 말이 의미하는 것은 바로 그러한 천체들이다. 그가 '왜 가축이 울부짖는가' 라고 말할 때에 그의 말이 의미하는 것은 바로 그 짐승들이지, 헹스텐베르크(Hengstenberg)가 생각하듯이 언약 속에 들어오지 못한 이교 세계의 열방들이 아니다" (*Old Testament Prophecy*, p. 171). 선지자들이 상징적으로 표현하고 있을 때에 통상적으로 그것은 문맥상으로 드러나고, 다니엘 8장과 요한계시록 17장에서처럼 명시적으로 표현되는 경우도 종종 있다. 통상적으로 선지자들의 언어는 문자적으로 이해되어야 한다. 이 원칙에 대한 예외라고 하기 위해서는 성경에 의한 입증이 필요하다.

(6) **선지자들은 그들의 사상을 표현하는 데에 그들이 속한 시대, 즉 그들의 백성의 삶과 정치 제도와 역사로부터 유래한 양식(樣式)들을 사용하였다.** 이러한 사실에 비추어 볼 때, 그 양식은 본질적인 것이어서 예언은 표현된 대로 정확히 그대로 성취되게 되어 있었느냐는 문제가 자연스럽게 생겨난다. 가까운 미래와 관련된 예언들에서는 세부적으로 표현된 모든 것들이 다 실현되게 되어 있었다고 보는 것은 너무도 당연한 일이지만, 이것이 먼 미래에 베풀어질 하나님의 어떤 경륜을 보여주는 예언들에도 그대로 적용되는지는 결코 자명하지 않다. 우리가 추정할 수 있는 것은 삶의 양식들이 근본적인 변화를 겪은 후라면 예언의 본질적이고 중심적인 내용만이 실현되리라는 것이다. 사실, 신약은 모든 경우에 있어서 예언의 문자적 성취는 기대될 수 없고, 몇몇 중요한 예언들에서 시대적인 양식은 벗겨져야 한다는 것을 분명하게 입증해 준다. 그러므로 어떤 예언이 담고 있는 외적인 세세한 것들이 실현되지 않았다고 해서 그 예언이 성취되지 않았다고 보는 것은 위험하다. 사 11:10-16; 욜 3:18-21; 미 5:5-8; 슥 12:11-14; 암 9:11,12; 행 15:15-17을 참조하라.

(7) 성령의 인도하심 아래에서 선지자들은 종종 그들이 처한 역사적이고 시대적인 한계들을 뛰어넘어, 장래의 좀 더 영적인 시대를 보여주는 양식들로

말씀을 전하였다. 예언적 지평이 확장된 그러한 경우들에 있어서 선지자들은 옛 양식들의 일시적이고 잠정적인 성격을 어느 정도 감지하고서, 신약 교회의 축복들을 이상적으로 묘사한 것이었다. 이러한 특징은 초기 선지자들이 아니라 후기 선지자들에게서 더 흔히 발견된다. 렘 31:31-34; 말 1:11을 참조하라.

(8) 종종 선지자들은 여호와의 말씀을 예언적 상징 행위들을 통해서 드러내었다. 이사야는 예루살렘 거리를 맨발로 활보하였고, 예레미야는 자신의 허리띠를 감추기 위해서 유프라테스 강으로 급히 달려갔다. 에스겔은 백성의 죄악을 짊어지고서 390일을 왼쪽으로 누워 있다가 40일을 오른쪽으로 누워 있었고, 호세아는 창기를 아내로 맞이하였다. 몇몇 해석자들은 이러한 상징 행위들이 실제로 행해진 것이 아니라 단지 환상 속에서 일어난 것이라고 해석한다.

2. 예언의 해석

우리는 예언의 성격에 관한 앞서의 설명들에 예언의 해석을 위한 몇 가지 원칙들을 추가하고자 한다.

(1) 선지자들이 전한 말씀들은 그것들이 성취된 맥락이나 방식으로 보아서 상징적 의미를 지닌다는 것이 명백해지지 않는 한 통상적인 문자적 의미로 해석되어야 한다. 헹스텐베르크(Hengstenberg)와 헨데르손(Henderson)이 요엘이 말한 메뚜기 떼는 이방 백성을 가리킨다고 해석한 것은 이러한 원칙을 무시한 것이다.

(2) 예언서들에서 발견되는 비유적 서술들을 연구할 때에 해석자는 거기에 표현된 기본적인 사상을 찾아내는 것을 목표로 삼아야 한다. 이사야가 들짐승들과 가축들이 평화롭게 함께 거하고 어린 아이에 의해서 이끌리는 광경을 묘사할 때, 그는 장래에 이 땅을 뒤덮게 될 평화를 시적으로 묘사하고 있는 것이다.

(3) 선지자들의 상징 행위들을 해석할 때에 해석자는 문맥상으로 정반대의

증거가 분명하게 제시되지 않는 한 그 상징 행위들이 현실의 삶 속에서 실제로 행하여졌다는 전제 위에서 연구를 진행하여야 한다. 몇몇 주석자들은 도덕적으로나 육체적으로 그런 상징 행위가 불가능하였을 것이라고 너무 성급하게 결론을 내리고서는 그 행위는 환상 속에서 일어난 것에 불과하다고 단정해 버린다. 그렇게 하는 것은 성경 본문의 명백한 의미를 침해하는 것이다.

(4) 몇몇 가장 중요한 예언들은 싹이 터서 꽃이 피는 방식으로 각각의 단계에서 조금씩 성취되는데, 각각의 단계에서 성취된 것은 그 다음에 이어질 성취의 담보가 된다. 그러므로 예언의 이중적 또는 삼중적 의미를 말하는 것은 잘못이지만, 이중적 또는 삼중적 성취를 말하는 것은 지극히 옳다. 예를 들면, 요엘서 2:28-32의 예언은 오순절 날에 완전히 성취된 것이 아니었다는 것은 너무도 분명하다. 또한, 마태복음 24장에 나오는 인자의 재림에 관한 예언들을 보라.

(5) 예언들은 그것이 성취된 것에 비추어서 읽혀져야 한다. 왜냐하면, 그렇게 할 때에 다른 식으로는 해석자의 눈을 피해갔을 그 예언의 깊은 의미들이 종종 드러나기 때문이다. 하지만, 해석자는 예언들 중 다수는 역사상의 특정한 사건들과 관련이 있는 것이 아니라, 여러 가지 방식으로 실현될 수 있는 어떤 일반 원리를 분명하게 밝히고 있는 것일 뿐임을 명심하여야 한다. 그러한 경우에 해석자가 그 예언이 어떤 사건을 가리키는지를 묻는다면, 그는 그 예언의 범위를 부당한 방식으로 좁히고 있는 것일 위험성이 있다. 또한, 해석자는 예언들은 언제나 표현된 대로 정확한 양식을 따라 성취된다는 전제 위에서 작업을 진행하지 않아야 한다. 해석자가 전제해야 할 것은 예언들이 후대에 성취되기로 되어 있다면 그것이 성취될 때에 시대적인 양식은 무시되리라는 것이다.

F. 시편의 해석

이스라엘의 거룩한 노래들인 시편들도 하나님의 말씀의 일부를 이룬다. 시편들 속에는 서정적인 시가들도 있고 교훈적인 시가들도 있다. 교훈적인 시편들 속에서 하나님은 시인을 통해서 주로 독자들의 지성에 호소하여 교훈을 주시고, 서정적인 시편들에서는 거룩한 시인들의 감정들과 영적 체험들을 통해서 주로 독자들의 마음에 자신을 계시하신다. 여기에서의 논의는 주로 성경의 시편에서 가장 많은 부분을 이루고 있는 서정 시편들의 해석에 관한 것이다.

1. 시편들의 성격

이러한 시편들에서 시인은 그가 아주 깊이 체험한 감정들, 즉 그의 기쁨과 슬픔, 소망과 두려움, 즐거운 기대와 쓰라린 실망, 어린아이 같은 신뢰와 감사를 표현한다. 그는 그의 내면 깊숙한 곳에 자리잡은 감정들을 토해내면서, 그의 영혼을 들어 하나님을 바라본다. 성경의 다른 부분들에서는 하나님께서 인간에게 말씀하시고, 시편에서는 그 관계가 거꾸로 되어서 인간이 하나님께 아뢴다고 사람들은 흔히 말한다. 그러나 이런 말은 일리가 있고, 시편들은 성경의 다른 부분들보다 훨씬 더 주관적이라는 말이 맞기는 하지만, 그것은 시편들이 하나님의 말씀의 본질적인 부분이 아니라는 것을 의미하지는 않는다. 하나님께서 이 거룩한 노래들 속에서 자신을 어떻게 계시하고 계시는지를 이해하기 위해서는 서정적인 시가(詩歌)와 서정적인 영감에 대한 어느 정도의 지식을 가질 필요가 있다.

서정적인 시가들은 무엇보다도 먼저 **개인적인 요소**를 담고 있다. 시인들은 그들 자신의 역사적 상황들과 그들의 개인적인 경험들을 노래한다. 이것은 시편들의 표제를 보면 아주 분명하게 드러난다(cf. 시 3, 6, 7, 18, 30편 등). 또한, 그것은 많은 시편들의 내용을 보아도 분명해진다. 그러나 이러한 경험들은 비록 개인적인 것이기는 하지만 **대표적 성격**을 지닌다. 시인은 그의 내면 가장 깊은 곳에서 인류 전체와 연대감을 느끼고, 인간의 공동체적 삶의 맥박을 느낀다. 이러한 의식 속에서 탄생한 노래는 그

고음과 저음을 통해서 시인 자신만이 아니라 인류 전체의 기쁨과 슬픔을 해석하고 있는 노래가 된다. 이 공동체적 삶의 원천이 하나님에게 있다는 사실에 비추어 보면, 이 서정 시인은 아주 깊은 곳으로 내려가기도 하고 아주 높은 곳으로 올라가기로 하다가 결국에 가서는 인간의 삶의 원천으로서 그 기쁨과 슬픔을 주관하시는 하나님 안에서 안식한다. 이러한 내면 깊숙한 곳에서 생겨난 그의 노래는 다름아닌 하나님에게서 생겨난 것이다.

시편들을 해석할 때에는 다음과 같은 일반 원리를 명심하여야 한다. 시편들은 어떤 의미에서 보편적인 것으로서 개인적이고 역사적인 것을 뛰어넘는다. 거룩한 노래를 부르는 자들은 하나님의 교회의 살아 있는 지체들로서 그들이 교회 전체와 연합되어 있다는 것을 의식하고 있기 때문에 그들의 노래는 교회의 찬송과 애가(哀歌)를 그대로 구현하고 있다. 또한, 교회의 지체들로서 그들은 교회의 영광스러운 머리가 되시는 분, 교회를 위하여 및 교회와 더불어 고난당하시고 교회의 기쁨의 원천이 되시는 바로 그분과 연합되어 있다는 것을 느낀다. 이것은 우리가 슬픈 노래를 부르시다가 곧 목소리를 높여 승리의 노래를 부르시는 그리스도의 음성을 시편들 속에서 들을 수 있다는 사실을 설명해 준다. 또한, 그리스도와 연합된 시인의 삶은 하나님 안에 그 근원을 가지고 있다. 그런 까닭에 교회의 노래이기도 한 그의 노래는 그 주요한 동기를 하나님 안에서 발견한다. 이 모든 것의 결과로써 어떤 시편들에서는 시인의 개인적 경험들이 아주 두드러지게 나타나고, 어떤 시편들에서는 이스라엘과 교회의 공동체적 삶이 표현되며, 또 어떤 시편들에서 우리는 낮아지셨다가 높아지신 그리스도에 대하여 듣게 된다. 모든 시편들에는 우리가 주의 깊게 경청해야 할 깊은 속뜻이 있기 때문에, 해석자는 시편들을 피상적으로 해석하지 않도록 주의하여야 한다. 그는 시편들 속에서 하나님의 음성을 들을 때까지는 결코 만족해서는 안 된다. 하나님이 보시기에 죄와 거룩함이 서로 정반대된다는 것은 절대적이라는 사실, 하나님은 그의 교회를 사랑하시지만 그의 나라에 대적하는 것들은 무엇이든지 미워하신다는 사실도 시편들 속에 어째서 사랑과

미움에 대한 강력한 표현들이 나올 수 있는지를 설명해 준다.

2. 해석의 원칙들

앞에서 설명한 일반원리와의 연관성 속에서 시편들을 해석할 때에는 다음과 같은 원칙들이 적용된다.

(1) 어떤 시편을 짓게 된 역사적 배경이 존재하였다면, 그 배경을 철저하게 연구하여야 한다. 그러한 연구가 시편 3, 32, 51, 63편 등을 얼마나 잘 조명해 주는지를 주목하라.

(2) 시편들은 성경의 다른 부분들보다 훨씬 더 주관적이기 때문에, 시편들을 올바르게 해석하기 위해서는 심리적 요소를 살피는 것이 중요하다. 해석자는 시인의 성품과 그가 그 노래를 지었을 때의 사고의 틀을 연구하여야 한다. 다윗을 더 철저하게 알면 알수록, 그의 시편들은 더 잘 해석할 수 있다.

(3) 시편들은 순전히 개인적인 것들이 아니라 대체로 공동체적인 것들이라는 사실에 비추어 볼 때, 시편들은 거듭난 마음, 하나님으로부터 난 생명의 말들로 여겨져야 하고, 해석자는 시편들이 하나님의 뜻을 어떻게 계시하고 있는지를 이해할 때까지는 결코 만족해서는 안 된다.

(4) 메시야 시편들을 해석할 때에는 직접적으로 메시야적인 부분들과 간접적으로만 메시야적인 부분들을 주의 깊게 구별하여야 한다. 전자에 속하는 시편 2, 22, 45, 110편 등은 직접적으로 메시야적인 반면에, 후자에 속하는 시편 72, 89편은 무엇보다도 먼저 시인이나 구약의 어떤 다른 성도에게 적용되고, 단지 중간에 개입된 모형으로서의 그를 통해서 부차적으로만 그리스도에게 적용된다. 또한, 이 둘 중의 어느 하나에 속하지 않는 것들도 있다. 비니(Binnie)는 그러한 시편들을 해석하는 진정한 열쇠는 모형들에 관한 가르침 속에서가 아니라 그리스도와 교회의 신비적 연합 속에서 발견된다는 사실을 근거로 그러한 시편들을 “신비적 메시야 시편들”이라 부르기를 좋아한다(cf. 16, 40편). 메시야 시편들은 예언적인 성격을 지

니기 때문에, 신약에 등장하는 그 시편들의 인용문들과 그 시편들의 예언이 신약에서 성취된 것에 특별한 주의를 기울여야 한다.

(5) 이른바 "저주 시편들" 또는 시편들 속에 나오는 저주들과 관련해서는 다음과 같은 몇 가지 사실들을 고려하지 않으면 안 된다.

a. 동방 사람들은 구체적인 것을 좋아해서, 죄를 종종 죄인의 구체적인 모습을 통해서 표현한다.

b. 이러한 저주들은 하나님의 의와 거룩하심이 낱낱이 밝혀지기를 바라는 구약 성도들의 소원을 보여주는 것이다.

c. 이 저주들은 개인적인 복수심이나 앙심에서 나온 말들이 아니라 죄인이라는 모습으로 구체화된 죄에 대한 교회의 혐오감에서 나온 말들이다.

d. 또한, 이 저주들은 하나님과 그의 나라에 적대적인 자들에 대한 하나님의 태도를 보여주는 것이다.

G. 성경의 함축적 의미

하나님의 말씀으로서의 성경은 사람이 헤아릴 수 없는 충만하고 풍성한 사상을 담고 있다. 이것은 성경에 나오는 모형들과 상징들과 예언들을 보아도 분명하게 드러날 뿐만 아니라, 성경이 명시적으로 얘기하는 것보다도 함축적으로 담고 있는 것을 보아도 분명하게 드러난다. 우리는 사람이 지은 글들 속에서조차도 명시적인 것과 함축적인 것을 구별한다. 고급스러운 글들 속에서는 단어들로 이루어진 표현 속에 중요한 진리들이 구체화되어 있고 암시되고 있다. 위대한 지성의 소유자들은 풍부한 지식을 지니고 있어서, 그들이 하는 말은 무엇이든지 그들 속에 들어 있는 저 광대한 보고(寶庫)를 암시하고 있기 때문에, 행간을 읽는 것이 꼭 필요해진다. 이러한 원리가 사람들이 지은 문학적 산물들에 적용된다고 한다면, 하나님의 무오한 말씀에 이 원리가 적용된다는 것은 말할 필요도 없다.

하지만, 중요한 차이가 있다. 사람은 오직 부분적으로만 알고, 자기가 무엇을 알고 있는지를 언제나 인식하는 것도 아니다. 게다가, 사람은 흔히 그가 말하거나 쓰고 있는 것이 지니는 함축적인 의미들을 보지 못한다. 그의 말들 속에는 그가 보지 못했고 동의하지 않을 수도 있는 어떤 함축적인 의미들이 얼마든지 들어 있을 수 있다. 논리적인 추론이나 비교를 통해서 그의 명시적인 단어들로부터 정당하게 추론될 수 있는 것은 전적으로 그의 사고 범위 밖에 놓여 있고, 그것은 사실 그가 의도한 것의 정반대의 것이 되는 경우도 얼마든지 있을 수 있다. 그러므로 "저자가 명시적으로 공언하거나 채택한 진술들이 아니라 그 진술들로부터 추론된 결론들은 비록 그 결론들이 그 진술들 속에 필연적으로 내포되어 있는 것들이라고 할지라도 저자에게 책임을 물을 수 없다"는 원칙은 실제에 있어서는 흔히 망각되지만 모든 공정한 논쟁에 있어서 필수적이다. 그는 그러한 결론들을 생각하지 못했을 것이고 알지는 더더욱 못했을 것이기 때문에, 그 결론들에 대하여는 책임이 없고, 다만 그러한 결론들을 그의 의도와는 달리 함축하고 있는 언어를 사용한 것에 대해서만 책임이 있다.

마찬가지 이유로, 저자가 본래의 주제를 다루면서 부수적으로 사용한 표현들을 근거로 그 본래의 주제가 아닌 다른 주제에 대한 저자의 견해를 추론하는 것은 허용되지 않는다. 통상적으로 저자가 어떤 사상이나 감정과 관련시켜서 명시적으로 말하지 않은 어떤 표현들을 근거로 해서 그 사상이나 감정을 저자에게 돌리는 것은 절차상으로 잘못된 것이다. 이러한 잘못된 절차를 행하는 자는 결론을 만들어내는 잘못(consequens-macherei)을 범하는 것이다.

그러나 하나님의 말씀의 경우에는 이러한 제한들이 적용되지 않는다. 하나님의 지식은 모든 것을 포괄함과 동시에 언제나 의식적인 지식이기 때문이다. 하나님은 그의 말씀을 인간에게 주실 때에 그가 말씀하신 모든 것만이 아니라 그의 말씀이 함축하고 있는 모든 것도 완벽하게 알고 계신다. 하나님은 그의 기록된 말씀으로부터 도출되는 모든 추론들을 다 알고 계신다. 배너맨(Bannerman)은 이렇게 말한다: "하나님은 초자연적으로 성경에 영감을 부여하여 기록하게 하셨을 때에 불가피한 추론을 통해서 성경으로부터 도출되는 결론들, 성경의 여러 진술들을 서로 비교할 때에 도출되는 결론들을 무한하신 지혜로 이미 예견하셨다: 계시자께서는 사람들이 그러한 결론들을 도출해 내리라는 것을 아셨을 뿐만 아니라, 그들이 그렇게 하도록 계획하셨다"(*Inspiration of the Scriptures*, p. 585). 그러므로 성경의 명시적 진술들만이 아니라 그 함축적 의미들도 하나님의 말씀으로 여겨져야 한다.

예수께서 친히 이러한 입장을 보장하신다. 사두개인들이 스스로 부활 교리의 부당성을 분명하게 증명해 주는 것이라고 판단한 하나의 질문을 가지고서 예수께 나아왔을 때, 예수는 여호와께서 가시덤불 가운데서 나타나셔서 자기 자신을 호칭하신 말씀, 즉 "나는 아브라함의 하나님, 이삭의 하나님, 야곱의 하나님이니라"는 말씀을 그들에게 제시하시면서, 선하고 필연적인 추론을 통해서 그 말씀으로부터 그들이 부정하였던 교리를 도출해내셨다. 또한, 예수께서는 "너희가 성경을 알지 못하는 고로 오해하였도다"고 말씀하시며, 그들이 하나님의 자기 호칭이 함축하고 있는 의미를 보지 못한 것을 책망하셨다(마 22:29-32; 막 12:24-27; 눅 20:37-38). 또 다른 예들로는 롬 4:5-12; 고전 9:8-10; 딤전 5:17-18; 히 4:5-9을 참조하라.

따라서, 우리가 다음과 같은 원칙을 제시하는 것은 타당하다: "(성경의) 진술들을 서로 비교해서 제대로 도출해낸 가르침들은 (성경의) 진술들과 마찬가지로 하나님이 의도하신 것임과 동시에 성경에 진정으로 담겨져 있는 하나님의 계시이다"(Bannerman, *Inspiration of the Scriptures*, p. 587). 하나님의 기록된 말씀으로부터 그러한 추론들을 이끌어 낼 때에는 세심한 주의를 기울여야 한다는 것은 두말할 필요도 없다. 그 추론된 결론들은 표면상으로는 영감된 진술들로부터 도출된 것이기는 하지만 진정으로 그 진술들 속에 담겨져 있는 것으로서 선한 것이어야 하고, 성경 해석에 정직하게 몰두한 자라면 그렇게 할 수밖에 없는 필연적인 것이어야 한다. 웨스트민스터 요리문답 제6문을 참조하라.

H. 신학적 해석을 위한 도구들

신학적 해석을 할 때에 해석자에게 도움이 될 수 있는 것들로는 두 가지가 있다: (1) 실제적 병행들, 또는 사상의 병행들; (2) 신앙 또는 성경의 표준. 이 두 가지는 다 하나님의 말씀은 모든 부분들이 서로 연결되어 있는 유기적 통일체이고 모두 합쳐져서 하나님의 계시 전체에 기여한다는 것과, 궁극적으로 성경을 해석하는 것은 바로 성경 자체라는 전제 위에 서 있다.

1. 실제적 병행들 또는 사상의 병행들

테리(Terry)는 "실제적 병행들이란 그 유사성이나 동일성이 단어나 어구가 아니라 사실, 주제, 정서, 가르침에 있는 서로 비슷한 구절들이다"라고 말한다. 이러한 병행들을 활용할 때에 해석자는 무엇보다도 먼저 그 구절들이 진정으로 병행들인지, 단지 어느 정도 비슷한 것이 아니라 본질적으로 동일한지를 확인하여야 한다. 예를 들면, 잠언 22:2과 29:13은 일정 정도 유사성을 보이기 때문에 흔히 병행으로 취급되지만 사실은 진정한 병행이 아니다. 사상의 병행들은 역사적 병행과 교훈적 병행, 이렇게 두 부류로 구분될 수 있다. 여기에 신약에 나오는 구약 인용문들도 추가할 수 있는데, 이러한 구약 인용문들은 어떤 의미에서 병행문들이기도 하다.

(1) 역사적 병행들. 이러한 병행들로는 몇 가지 부류가 있다.

a. 어떤 역사가 세부적인 내용들에서는 약간 다를 수 있지만 동일한 단어들과 동일한 부수적 상황들을 통해서 서술되는 병행들이 있다. 이러한 병행들은 상호적인 확인을 위해서 유용하다. 왕상 22:29-35과 대하 18:28-34, 눅 22:19-20과 고전 11:24-25을 비교해 보라.

b. 동일한 서사(敍事)가 서로 다른 단어들과 상황들로 묘사되고 있는데 어느 한 쪽이 다른 쪽보다 좀 더 세밀하게 묘사되는 병행들이 있다. 이러한 경우에는 당연히 상황을 좀 더 자세하게 묘사하고 있는 쪽이 다른 쪽을 조명해 줄 것이라고 기대할 수 있다. 마 9:1–8과 막 2:1–12을 비교해 보라.

c. 의심할 여지 없이 서로 동일하지만 완전히 다른 맥락 속에 등장하는 서사(敍事)들이 있다. 이러한 서사들은 복음서들에서 아주 많이 나온다. 그러한 경우에 어느 한 쪽이 진정한 역사적 배경을 보여주고 있을 가능성이 크고, 그런 한에서 다른 쪽을 조명해 줄 수 있다. 마 8:2–4; 막 1:40–45; 눅 5:12–16을 비교해 보고, 마 11:6–19을 눅 7:31–35과 비교해 보라.

d. 끝으로, 특정한 사건을 중복해서 서술하고 있지는 않지만, 추가적인 상황을 보여줌으로써 어떤 점에서 서로 보완적인 구절들이 있다. 창 32:24–32과 호 12:4–5을 비교해 보라.

(2) 교훈적 병행들. 여기서도 우리는 여러 종류의 병행들을 만난다.

a. 동일한 주제가 다루어지되 동일한 용어들로 서술되지 않는 경우들이 있다. 마 10:37과 눅 14:26을 비교해 보라. 많은 해석자들은 마태복음에 나오는 구절을 근거로 해서 누가가 사용한 "미워하다"라는 단어의 의미를 완화시켜서 해석하고, 마태복음 6:24을 근거로 해서 동사 "미워하다"가 단지 "덜 사랑하다"를 의미할 수 있다는 것을 증명한다. 하지만, 그러한 해석이 올바른 것인지는 당연히 의심스럽다. 베드로가 베드로전서 2:5에서 말하는 "신령한 제사"는 로마서 12:1을 통해서 부분적으로 설명되고, 로마서 12:1은 로마서 6:19에 의해서 설명된다.

b. 사상과 표현에 있어서 서로 상응하지만, 병행문 중 어느 하나는 전후 문맥과 직접적으로 연결되지 않는 병행들이 있다. 예를 들면, 마태복음 7:13–14에서 "좁은 문으로 들어가라"는 말씀은 어떤 역사적 배경도 없이 등장한다. 하지만, 그 역사적 배경은 누가복음 13:23–24에서 제공된다. 또한, 마 7:7–11과 눅 11:5–13을 비교해 보라.

c. 끝으로, 완전히 서로 다른 맥락 속에 등장하지만 둘 다 똑같이 적절한 맥락 속에 등장하는 병행들도 있다. 이 병행문이 등장하는 계기가 두 대목에서 동일하지 않은 경우도 있다. 동일한 말씀이 여러 상황들 속에서 등장할 수도 있는 것이다. 마 7:21-23과 눅 13:25-28; 마 13:16-17과 눅 10:23-24을 비교해 보라.

(3) **신약에 나오는 구약 인용문들.** 이러한 것들은 어떤 의미에서 병행들인데, 여기에서 특별히 언급해 둘 필요가 있는 것은 오늘날 많은 학자들이 신약의 기자들이 흔히 구약을 매우 자의적으로 인용하였다는 말을 서슴없이 하기 때문이다. 임머(Immer)는 이렇게 말한다: "그러나 구약을 자의적으로 다루고 있는 인용문들, 신약의 기자의 사상과 구약에 나오는 원래의 구절의 사상 간에 아주 먼 관계성조차도 찾아볼 수 없는 그러한 인용문들이 무수히 많다. 이러한 인용문들은 둘 간의 일치가 단지 표면적인 것이고 단순히 똑같은 단어들을 사용했다는 것을 근거로 한 그런 인용문들, 둘 간의 일치가 어떤 한 단어의 의미를 반대로 해석할 때에만 가능해지는 그런 인용문들, 끝으로 무제한적인 알레고리화와 모형화를 통해서만 구약의 구절을 신약의 사상과 연결시킬 수 있는 그런 인용문들로 구별해 볼 수 있다" (*Hermeneutics*, p. 172). 이러한 주장은 성경 전체에 대한 그릇된 견해, 즉 구약과 신약의 예언적-모형론적 관계 및 성경의 함축적 의미에 대한 그릇된 견해를 토대로 한 것이다. 신약에 나오는 구약 인용문들은 모두 다 동일한 목적으로 사용되고 있는 것이 아니다.

a. 어떤 인용문들은 구약의 예언들이 직접적으로든 간접적으로든 신약에서 성취되었다는 것을 보여주기 위한 것이다. 이것은 "이는 … 이루려 하심이라" 는 정형문구를 통해 소개되는 모든 예언적 구절들과 그 밖의 다른 몇몇 구절들에 적용된다(cf. 마 2:17, 23; 4:14-15; 요 15:25; 19:36; 히 1:13).

b. 어떤 인용문들은 어떤 가르침을 확증하기 위한 목적으로 인용된다. 로마서 3:9-19에서 바울은 인간이 모두 타락하였다는 것을 증명하기 위해서

시편에 나오는 몇몇 구절들을 인용하고, 4:3 이하에서는 사람이 율법의 행위가 아니라 믿음으로 의롭다 하심을 얻는다는 것을 증명하기 위해서 아브라함의 모범과 다윗의 몇몇 말씀들을 인용한다. 또한, 갈 3:6과 히 4:7을 참조하라.

c. 어떤 인용문들은 대적을 반박하고 책망하기 위해서 인용된다. 유대인들이 자기들은 성경에 대한 큰 경외심을 갖고 있다고 주장하면서도 그 성경이 증언하는 그리스도를 믿지 않자, 요한복음 5:39–40에서 예수께서는 그들의 말이 앞뒤가 맞지 않는다는 것을 드러내기 위해서 성경(구약)을 인용하신다. 또한, 마 22:29–32, 41–46; 요 10:34–36에서 예수께서 유대인들을 반박하기 위해서 성경을 어떻게 사용하셨는지를 살펴보라.

d. 끝으로, 수사적(修辭的)인 목적 또는 어떤 진리를 예시하기 위한 목적으로 구약의 구절들이 인용되는 경우가 있다. 이러한 경우들에서는 그 구절들이 나오는 구약의 맥락이 거의 무시되기 때문에, 그 인용문들은 흔히 자의적으로 사용된 것처럼 보인다. 그런 까닭에 특히 이러한 인용문들은 합리주의자들의 공격 대상이 된다. 그러나 그 구절들이 어떤 목적으로 인용되고 있는지에 비추어 보면, 그러한 공격은 말도 되지 않는 것임이 드러난다. 로마서 10:6–8에서 사도는 모세의 말씀(신 30:12–14)을 자신의 목적에 맞춰서 개작하여 사용하고, 로마서 8:36에서는 시편 기자가 오래 전의 다른 사람들과 관련하여 썼던 말씀(시 44:22)을 고난받는 그리스도인들에게 일반적으로 적용한다. 디모데전서 5:18에서 사도는 곡식을 밟아 떠는 소에 관한 구약의 규례를 시사해 주는 바가 있는 유익한 병행으로 인용하면서, 독자들로 하여금 "가벼운 것에서 큰 것으로"(a minori ad majus) 식의 추론방식을 통해서 일을 하는 자가 품삯을 받는 것이 마땅하다는 교훈을 이끌어 내도록 만든다.

2. 신앙의 표준 또는 성경의 표준(analogy)

"신앙의 표준"이라는 말은 로마서 12:6에서 유래한 것이다: "우리에게 주신 은혜대로 받은 은사가 각각 다르니 혹 예언이면 믿음의 분수대로('카타 텐 아날로기안 테스 피스테오스') 할 것이니라." 몇몇 주석자들은 여기에서 "믿음"을 객관적으로 가르침이라는 의미로 잘못 해석해서, '아날로기안'을 외적인 표준을 지칭하는 것으로 보았다. 하지만, 이 어구 전체를 올바르게 해석해 보면, 그것은 단지 "너의 주관적인 믿음의 분량을 따라"를 의미한다. 그러므로 이 구절에서 유래한 "신앙의 표준"이라는 용어는 잘못된 이해를 토대로 한 것이다.

고대 교회의 교부들이 "신앙의 표준"(Analogia 또는 Regula Fidei)이라고 했을 때에 그것은 몇 가지로 요약된 신앙의 일반 원리들을 의미하였다. 그런데 세월이 흐르면서, 이 명칭은 니케아 신조 같이 교회에 의해서 받아들여진 신조들에 적용되었다. 로마 가톨릭 교회는 심지어 전승을 신앙의 표준(rule of faith)으로까지 높여서 숭상하였다. 그러나 이것은 이 용어를 잘못 사용한 것이다. 교회의 신앙고백들을 진리의 표준(Regulae Veritatis)으로 승격시키는 것은 너무나 우스꽝스러운 일이다. 왜냐하면, 그것은 성경으로부터 나온 것을 성경의 진리의 시금석으로 삼는 것이기 때문이다. 올바르게 이해된 신앙의 표준은 성경 자체 속에서 발견된다. 셀레리에(Cellerier)는 그의 『해석학』(*Hermeneutics*)에서 신앙의 표준 중에서 두 가지 우월한 것과 두 가지 열등한 것을 구분하면서, 두 가지 열등한 것은 실제로 이 명칭을 사용할 가치가 없다고 분명하게 말한다.

(1) 성경의 해석자는 정도에 있어서 서로 차이가 나는 두 종류의 신앙의 표준에 관심을 가져야 한다.

a. **적극적 표준.** 이 두 종류의 표준 중에서 첫 번째이자 가장 중요한 표준은 성경의 구절들에 직접적으로 토대를 둔 적극적 표준이다. 이 표준은 성경에 너무도 분명하고 적극적으로 서술되어 있고 아주 많은 구절들에 의해서 밑받침되고 있어서 그 의미와 가치에 있어서 그 어떤 의심도 있을 수 없는 그러한 가르침들로 구성된다. 그러한 진리들로는 무한히 완전하시고 거룩하시며 의로우시고 긍휼에 풍성하시며 은혜로우신 하나님의 존

재, 하나님의 섭리적 통치의 존재, 죄의 실존 및 가증스러움과 관련하여 하나님의 은혜로운 목적의 존재, 예수 그리스도 안에서 계시된 구속의 은혜의 존재, 장래의 삶과 보응(報應)의 존재 등이 있다.

b. 일반적 표준. 두 번째의 것은 신앙의 일반적 표준이라 불린다. 이것은 성경의 명시적인 진술들에 의거한 것이 아니라, 성경의 가르침 전체의 명백한 목적과 취지, 성경의 가르침이 인류에게 남겨놓은 신앙적 각인(刻印)들에 의거한 것이다. 따라서, 모세 율법이나 신약의 정신이 노예 제도와 맞지 않는다는 것은 명백하다. 또한, 성경이 순전히 형식적인 신앙에 대하여 적대적이고 영적인 예배를 지지한다는 것도 지극히 분명하다.

이 두 종류의 신앙의 표준은 성경을 해석할 때에 표준이 된다. 전문 감정사가 걸작 미술품을 감정할 때에 무엇보다도 먼저 중심적인 관심사와 관련된 것을 집중적으로 살핀 후에 그것에 비추어서 나머지 세부적인 것들을 살펴보는 것과 마찬가지로, 해석자는 성경의 근본적인 진리들에 비추어서 그 세부적인 가르침들을 연구하여야 한다.

(2) 신앙의 표준이라고 해서 항상 증거로서 동일한 정도의 가치와 권위를 지니는 것은 아니다. 그것은 네 가지 요인에 의해서 좌우된다.

a. 동일한 가르침을 담고 있는 구절들의 수(數). 신앙의 표준이라도 여섯 구절에 토대를 둔 것보다는 열두 구절에 토대를 둔 것이 더 강력한 권위와 가치를 지닌다.

b. 서로 다른 구절들의 일치 여부. 신앙의 표준이 지니는 가치는 그것이 토대를 둔 구절들이 서로 얼마나 일치하는가에 비례한다.

c. 해당 구절들의 명료성. 전적으로 또는 상당 부분 그 의미가 모호한 구절들에 의거한 신앙의 표준은 매우 의심스러운 가치를 지니게 될 것이다.

d. 해당 구절들의 분포. 어떤 신앙의 표준이 성경의 한 책 또는 소수의 책에 나오는 구절들을 토대로 하고 있다면, 그 표준의 가치는 각기 다른 시대에 다른 저자들에 의해서 기록된 구약과 신약의 여러 책들에 나오는

구절들에 토대를 둔 표준의 가치보다 덜할 것이다.

(3) 성경을 해석함에 있어서 신앙의 표준을 활용할 때, 해석자는 다음과 같은 원칙들을 염두에 두어야 한다.

a. 신앙의 표준에 의해서 분명하게 밑받침되고 있는 가르침을 정반대의 가르침을 담고 있는 애매모호한 구절에 의거해서 반박해서는 안 된다. 요한일서 3:6과 믿는 자들도 죄를 범한다는 성경의 전체적인 가르침을 생각해 보라.

b. 신앙의 표준에 의해서 밑받침되지도 반박되지도 않는 구절은 그 가르침이 분명하다면 어떤 교리를 위한 적극적인 근거로 사용될 수 있다. 그렇지만, 그렇게 해서 정립된 교리는 신앙의 표준에 토대를 둔 교리와 동일한 효력을 지니지는 않는다.

c. 어떤 교리가 단지 성경의 한 모호한 구절에 의해서만 밑받침되고 있고 신앙의 표준에 의해서는 전혀 밑받침되고 있지 않다면, 그 교리는 아주 신중하게 잠정적으로 받아들여져야 한다. 그 구절은 아마도 거기에 부여된 해석과는 다른 해석이 필요할 수 있을 것이다(cf. 계 20:1–4).

d. 성경의 표준을 근거로 해서 겉보기에 모순되어 보이는 두 개의 교리가 정립될 수 있는 경우에는 그 두 개의 교리가 더 높은 차원에서 종합될 것이라는 믿음을 가지고서 둘 모두를 성경적인 것으로 받아들여야 한다. 예정론과 자유의지론, 전적 부패론과 인간의 책임론을 생각해 보라.

독자 여러분들께 알립니다!

'CH북스'는 기존 **'크리스천다이제스트'**의 영문명 앞 2글자와
도서를 의미하는 **'북스'**를 결합한 출판사의 새로운 이름입니다.

성경해석학

1판 1쇄 발행 2008년 1월 25일
1판 중쇄 발행 2022년 3월 4일

발행인 박명곤 **CEO** 박지성 **CFO** 김영은
기획편집 채대광, 김준원, 박일귀, 이은빈, 김수연
디자인 구경표, 한승주
마케팅 임우열, 유진선, 이호, 김수연
펴낸곳 CH북스
출판등록 제406-1999-000038호
전화 070-4917-2074 **팩스** 0303-3444-2136
주소 경기도 파주시 회동길 37-20
홈페이지 www.hdjisung.com **이메일** main@hdjisung.com
제작처 영신사 월드페이퍼